Épouse-la et meurs pour elle

Costanza Miriano

ÉPOUSE-LA ET MEURS POUR ELLE

Des hommes vrais pour des femmes sans peur !

Préface du Père Yannik Bonnet

Traduction de Julia Philippe, Marie-Laure Henry
et Rosalie Scrimali

Le Centurion

Sommaire

Préface du Père Yannik Bonnet 9

Introduction
Des cadeaux pour les hommes 15

Jusqu'à ce que l'enfant vous sépare
ou De l'amour dans la vie quotidienne 31

Cette maison n'est pas un hôtel
ou De l'autorité paternelle 57

Le problème de l'amour souvent confondu avec une gastrite
ou L'amour n'est pas seulement une émotion 81

Sommes-nous des nounous ou des caporaux ?
ou Si tu l'aimes, laisse-le être un homme et arrête de lui donner des ordres 105

L'épouse de Gudbrand le montagnard
ou De la nécessité d'avoir un préjugé positif envers lui 127

À la guerre comme à la guerre
ou Ce qu'est vraiment la virilité 153

Oui, je le veux, mais... qu'as-tu dit ?
ou Cela vaut la peine de se marier 171

J'ai dit « Dieu » et pas « Bio »
ou L'éducation doit avoir une fin élevée 193

Un sourire s'il vous plaît
ou Être de bonne humeur est un travail difficile,
mais il faut bien que quelqu'un le fasse ! 219

Au lit avec mon ennemi
ou Dans le mariage, incroyable mais vrai,
mets l'amour en premier 245

Tu es grand, grand, grand
ou De l'éternelle adolescence 267

Remerciements 293

Préface

Faudra-t-il élever une statue à la gloire de Costanza ? Quand le Seigneur aura remis de l'ordre dans ce monde en folie, si je suis encore vivant, ce que m'a dit Marthe Robin, je lancerai une souscription pour l'érection de cette statue. Écrire avec cet humour, ce talent, cette finesse et cette justesse, deux petits volumes à la célébration de l'amour conjugal, de la paternité et de la maternité, de la féminité et de la virilité, mérite cette reconnaissance. Pensez que cette femme vit à Rome et qu'en Italie, dans les grandes villes, la natalité moyenne par femme est inférieure à un. Or elle a eu quatre enfants, deux garçons et deux filles, tout en travaillant et sans revendiquer 50/50 des tâches ménagères !

La solidité de sa Foi catholique se manifeste avec un réalisme et un bon sens remarquables, comme le dit Saint Jacques dans son épître, par les actes quotidiens de sa vie d'épouse et de mère. Elle montre comment cet héroïsme féminin caché aux yeux du monde permet à l'époux de prendre conscience de la noblesse de son propre rôle. Elle massacre avec art et délicatesse tous les poncifs du féminisme idéologique et rend aux hommes l'humble fierté d'être un vrai père en même temps qu'un solide époux.

Comme on le sait, les pères de famille sont les derniers aventuriers du monde moderne, et ceux qui prennent encore ce risque aujourd'hui, en dépit des séquelles du tir de barrage soixante-huitard, sont la cible des bobos intellectuellement sous développés de la presse à la mode. Costanza Miriano rend aux époux et pères l'honneur de leur mission, vitale pour la société, d'éducateur des enfants et de défenseur des mamans, en s'interdisant de jouer les donneuses de leçons, en témoignant avec une profonde humilité de ses propres faiblesses et fragilités. Tout cela méritera bien une statue, quand le temps sera venu !

Que faire en attendant ? Se servir de cet ouvrage pour la formation de toutes celles et tous ceux qui œuvrent dans la préparation au mariage. Avec mes quarante de mariage au compteur, je peux témoigner du réalisme foncier de toutes les anecdotes racontées avec ce mélange d'indulgence et de tendresse comique. J'admire également la place qu'elle arrive à donner à la Foi catholique, par des rappels opportuns des conséquences du péché originel, de la puissance de la Grâce divine et de l'objectif essentiel du salut, à savoir notre vie éternelle.

Préparation au mariage, oui, mais peut-être davantage service après vente au bénéfice des couples mariés qui comprendront que la pérennité de la vie conjugale dépend d'un travail continu de la raison et de la volonté. Avec cette certitude que j'essaie d'inculquer à tous les couples que je rencontre : il faut se sortir de la tête que la solidité du lien conjugal tient au fait qu'on a fait un bon choix ! Idée fausse qui conduit les jeunes hommes et femmes à retarder indéfiniment la décision de se marier, à poursuivre une cohabitation nocive, qu'elle se termine ou non par le mariage. Costanza ne rate pas une occasion de montrer le caractère pernicieux de ce fantasme du bon choix, rejoignant ainsi les constats faits par les sociologues de métier. Pour conclure, je voudrais ajouter que ceux et celles qui ont traduit ce livre italien pour nous français, ont fait un travail merveilleux. Pour ceux qui ont vécu en Italie, c'est criant de vérité, et c'est exprimé « à la française » : un immense bravo !

Père Yannik Bonnet

Épouse-la et meurs pour elle

Introduction
Des cadeaux pour les hommes

Il doit exister une méthode unique, infaillible, incomparable, formidable pour dialoguer avec les hommes. Seulement voilà, je ne la connais pas.

C'est comme ça et malheureusement je n'y peux rien. J'ai tout fait pour découvrir cette méthode, sans succès. Ce que j'entends par dialoguer c'est parler vraiment, échanger des idées profondes qui pénètrent l'esprit de l'autre, qui l'éclairent et apportent des réponses.

Parler seule ne compte pas. Le monologue est facile : c'est ma spécialité.

Je sais répondre à des questions simples, du genre en quelle classe est notre fils lorsque mon mari va récupérer l'un de nos enfants fiévreux à l'école et ne parvient pas à le trouver (non, il n'a pas oublié le prénom, dit-il). Je puis me remémorer des informations essentielles comme l'endroit où est garée la voiture (j'ai dit essentielles, pas exactes). Je suis capable de donner de brèves indications géographiques à la suite desquelles mon mari ne m'appelle que deux ou trois fois – Tu as dit qu'elle était où, la pédiatre ? Tu veux vraiment des pignons, ou du jambon cru pourra faire l'affaire ? Ça te dérange si je ne l'achète pas là où tu m'as dit d'aller ? Bien sûr que cela me dérange, mais je le nierai même sous la torture.

Je croyais à une malformation du canal auditif de mon mari. J'ai même tenté de le changer lui, mais ma belle-mère me soutient mordicus qu'il m'est impossible de ne pas garder son fils. À défaut de savoir parler à mon époux, j'ai décidé de parler à ceux des autres et prise d'une fougue prédicatrice je me suis mise à écrire aux hommes des lettres ouvertes. J'ai passé des nuits et des nuits sans sommeil à pianoter sur mon clavier – et aussi, je l'avoue, à me vernir les ongles couleur géranium, à manger du pain et du saucisson en lisant Houellebecq, à regarder, hypnotisée, les cours de physique diffusés à quatre heures du matin sans jamais quitter des yeux la cravate jaune du présentateur – pour finir, au petit matin et l'esprit presque lucide, par tout effacer en sélectionnant tout et en appuyant sur la touche suppr avec une douloureuse résignation. Un geste d'une grande dignité.

Quand une femme souhaite qu'une idée monte jusqu'au cerveau d'un spécimen masculin pour en habiter le cœur avec l'objectif d'infléchir sa conduite, même de façon minime, l'expérience révèle que les mots non seulement ne suffisent pas, mais peuvent parfois se montrer contre-productifs. Les conseils, indications et modes d'emploi provoquent chez nos hommes de brusques attaques d'arthrite rhumatoïde, le besoin urgent d'aller contrôler le niveau du liquide de freinage, l'envie de passer une couche de blanc sur les murs de la salle de bain, et une nostalgie de la musique new wave à réécouter intégralement en silence et à genoux.

Et les rares fois où ils restent dans les parages pendant que nous parlons, ils n'écoutent pas. Alors que j'écrivais ces lignes, prise de scrupules (est-ce que j'ai été trop sévère ?), j'ai appelé mon mari et lui ai fait part de mes réflexions. Après un long réquisitoire passionné et méticuleux sur l'incommunicabilité, j'attendais un avis de la part de mon sage conjoint.

« Alors, tu en penses quoi ?

— De quoi ?

— Du fait que les hommes ne nous écoutent pas.

— Quoi ?

— Ton avis ?

— Je ne sais pas, excuse-moi, je n'ai pas entendu. »

Personnellement je l'ai pris comme un compliment. Je suis sûre que cela voulait dire : « C'est très bien, ma chérie, tu sais toujours trouver les mots justes. »

Lorsque je l'appelle au travail, je soupçonne mon chéri de mettre le haut-parleur et d'aller trier ses vieux dossiers (par ordre alphabétique, cela faisait tellement longtemps qu'il voulait le faire). Le connaissant, je pense même qu'il peut se raviser et les classer par ordre chronologique. Et puis non, plutôt alphabétique, ce qui est problématique pour lui car il ne se souvient jamais de l'ordre des lettres. Quoi qu'il en soit, peu importe ce qu'il fait quand je lui parle, sa contribution au dialogue reste la même : zéro.

Que personne ne nous écoute n'est du reste pas gênant car « conseil » est notre deuxième prénom. Aider l'homme à s'améliorer nous semble automatiquement faire partie de nos devoirs basiques, tout comme respecter les feux de signalisation, soigner des genoux blessés avec des pansements à fleurs, mettre la base satinée avant le fond de teint ou le goûter dans le sac d'école. Et je dis « l'aider à s'améliorer », parce que je préfère ne pas m'attarder sur l'inquiétante version de l'épouse qui complote et manipule dans l'ombre pour diriger son petit monde à des fins personnelles. Je connais beaucoup d'épouses qui pourraient figurer *honoris causa* à la Commission trilatérale.

Cette mission, qu'elle soit exposée dans un plan quinquennal officiel, ou qu'elle soit tramée dans l'ombre ou inscrite dans des documents ultra-secrets connus de nous seules (et de nos vingt-sept meilleures amies), peut nous faire oublier la chose la plus importante : aimer gratuitement. C'est la seule manière de laisser à l'autre le plaisir et le désir de s'améliorer librement et spontanément, sans quoi il n'y a pas de vrai changement possible (j'ai tendance à considérer comme une chose évidente qu'il faut constamment s'ajuster l'un à l'autre : on peut nommer cela croissance ou conversion).

Mais d'où vient ce syndrome de la directrice d'école dont nous sommes presque toutes atteintes? Il est plus facile de mettre le pilote automatique et de continuer à jouer les éducatrices avec les hommes comme nous le faisons avec les enfants : c'est une sorte de paresse. Mais le mode maman nous rend insupportables car l'homme est un homme et non un enfant, même si la satisfaction dont il témoigne après avoir fixé (l'horrible) papier bleu étoilé derrière la crèche (avec un scotch isolant jaune qui fait très peu Bethléem) sème un léger doute. Et si par hasard ce fier et ultra quarantenaire partageant votre vie conserve encore quelques traits immatures (je dis des traits substantiels, pas son accidentelle passion pour les outils en métal à l'utilité insaisissable, ou encore sa propension à attaquer le bureau d'un collègue avec son téléphone portable pour créer une fausse explosion avec la dernière application, faits qui n'entachent nullement sa hauteur morale), il doit faire seul les pas qui le conduiront à devenir pleinement homme.

La crise de la virilité – entendue ici comme la disponibilité de l'homme à donner courageusement sa vie et à prendre sur lui les coups pour défendre ceux qui lui sont confiés – m'apparaît évidente, et ce, depuis longtemps déjà. L'homme « qui ne refuse pas son côté féminin », l'homme aussi sensible qu'une femme, semble être la plus belle découverte de l'ère contemporaine. Si j'entends encore une fois quelqu'un faire l'éloge d'un homme qui « assume son côté rose », je fais un geste complètement fou en guise de protestation : je m'étends sur le canapé et je dors (voilà des années que je cherche une excuse pour le faire) ! Quant à la majorité des femmes, le conformisme actuel fait qu'elles se sentent supérieures aux hommes.

C'est là pourtant LE problème de notre temps : la crise destructrice des identités masculine et féminine, avec pour conséquences le manque de vrais hommes, de vraies femmes et donc de mariages qui fonctionnent. Cette crise est loin d'être quelconque. Elle ne peut être comparée à celle de la moquette, des pâtes à la vodka ou des polos couleur saumon post années 1980, car l'union stable entre un homme et une femme est absolument nécessaire pour assurer la survie de l'espèce le plus sereinement possible.

Nous parlons, en tous cas nous voudrions parler, d'un être humain en plénitude. Une plénitude qui vient avant tout d'une réponse libre à l'amour de Dieu, mais une réponse que l'homme ne peut donner dans le mariage que s'il trouve dans la femme l'alter ego dont parle la Genèse.

Le problème est que je sais parler aux femmes,

mais pas aux hommes. Aussi incroyable que cela puisse paraître (surtout pour moi), les lettres que j'ai écrites à mes amies sur le mariage, la famille et les enfants ont été non seulement publiées et lues, mais aussi comprises par certaines femmes, tant et si bien que je compte fièrement à mon actif plusieurs cérémonies nuptiales – se marier et être ouverts à la vie est presque toujours la bonne réponse selon moi – et quelques réconciliations.

Aussi souvent que possible je conseille à des amies, à des connaissances et parfois même à des passantes, de choisir la soumission : décider librement et consciemment de se mettre en dessous, comme de profondes fondations afin de soutenir la famille. Je compte sur cette capacité typiquement féminine d'arrondir les angles, de mettre en relation, d'être pour, d'accueillir, d'être médiatrice, d'encourager et d'éduquer, c'est-à-dire de faire émerger le meilleur de tous. Redécouvrir la mystérieuse vocation de la femme.

Il s'agirait aussi maintenant de dire aux hommes ce qu'il leur appartient de faire. Si nous nous fions à saint Paul (que je définirais comme quelqu'un d'assez fiable), il nous invite, dans la Lettre aux Éphésiens, nous les femmes, à être soumises ; pour les hommes le message est tout aussi clair : « ... Et vous, soyez prêts à mourir pour vos épouses, comme le Christ pour l'Église. »

Épousez-les, et soyez prêts à mourir pour elles. J'entends un bourdonnement dans la salle. Mesdames, les ricanements et les murmures sur le manque d'héroïsme de vos compagnons sont interdits. Ici, l'ironie féminine est bannie. Même si je dois bien sûr admettre que des hommes de cette trempe, il y en a très peu (et comme par hasard, ils sont soit occupés soit cassés, un peu comme les cabines téléphoniques). Alors comment faire pour indiquer la route aux hommes ? Il faut bannir catégoriquement tous les sermons – son canal auditif étant sélectif, l'homme ne les entend pas, exactement comme il ne peut plus entendre les hurlements d'un nouveau-né après onze heures quarante-huit le soir – et aussi les injonctions directes. Elles sont autorisées de la part de la maman, de l'institutrice, de l'éducateur ou du père spirituel mais pas de l'épouse. Si l'on exclut tout cela, on se demande alors ce que peut faire une femme pour rester aux côtés de celui qui doit trouver, ou retrouver, sa grandeur tellement nécessaire à notre époque fragile et chancelante.

Dans l'attente elle peut, justement, rester à ses côtés : ni devant, ni au-dessus. Toutefois, il est bon de dire tout de suite (même si je ne voudrais pas révéler la fin trop tôt, bien qu'il n'y ait aucun majordome parmi les suspects), qu'elle ne peut pas faire beaucoup plus car une partie du travail est propre à chacun et n'est pas interchangeable.

Et si une femme parvient à rester aux côtés d'un homme en silence, un silence concentré en Dieu, qui est, comme le dit sainte Thérèse d'Avila, la plus puissante de toutes les clameurs, elle apprendra la joie de voir s'épanouir une personne à côté d'elle. La perte de l'identité masculine a coïncidé avec les revendications féministes, et une bonne partie du travail serait déjà de reprendre notre place. Ne pas tout décider va permettre à l'homme de donner son point de vue, ne pas l'écraser le laissera émerger, l'écouter lui rendra la responsabilité de dire des choses sensées. Il est probable que les premières fois où l'épouse ne discutera pas son programme en lui proposant un plan B, puis un plan B', et pourquoi pas un plan C, il craindra le pire (Qu'est-ce qu'elle me cache ? un amant ? ou pire, elle a invité sa vieille tante le soir du match !).

C'est un effort très beau et fécond : lorsque chacun se charge du joug qui lui est propre, et qui n'est pas le même que celui de l'autre, alors on porte ensemble beaucoup de fruit, et cela, avec moins de souffrance.

Mais soyons clairs tout de suite, je ne sais pas comment on fait. C'est pourquoi j'ai décidé d'écrire un livre sur le sujet : pour en apprendre peut-être un peu plus.

Je sais néanmoins ce qu'il ne faut pas faire. On ne cherche pas à faire de l'homme une fille, on ne critique pas son style, on ne le taquine pas, on ne le ridiculise pas. On essaie de lui casser les pieds juste ce qu'il faut pour la survie familiale (monter la caméra de la Xbox, récupérer à la même heure les enfants éparpillés aux quatre points de la ville, ou maintenir une cadence au moins décennale de visite chez le médecin). Pour le reste, il est obligatoire de réduire au minimum les conditionnements et de rendre l'autre non pas tant « libre de », mais « libre pour ». Ici paraîtra sa noblesse.

Quant à moi, en y regardant bien, si j'avais un homme qui me suivait dans touts mes sautes d'humeur, ma tendance à me perdre dans des voies parallèles et mon penchant pour la plainte, au lieu de me contenir avec ses silences infranchissables et sa capacité à couper douloureusement court pour aller à l'essentiel, ce serait un vrai désastre, pour nous et pour nos enfants. Même si parfois j'aimerais beaucoup avoir un compagnon avec qui entreprendre des analyses captivantes sur le balayage, sur le pourquoi du comment la repousse fait avant-gardiste chez Madonna alors que chez moi cela fait shampouineuse, je me rends compte que vivre avec un exemplaire aphasique mais lucide est très salutaire.

De toute façon, j'essaie d'interpréter méticuleusement les monosyllabes avec lesquelles mon mari me répond. C'est parce que je suis psychologiquement instable. Il m'a dit plusieurs fois souhaiter limiter les communications au strict nécessaire, surtout s'il est fatigué (l'autre jour en voiture, un arbre arraché barrait la route : il s'est contenté de l'indiquer avec le doigt, et cela a été son seul tribut à la conversation en une demi-heure). Je sais pourtant qu'il a de l'estime pour moi, mais simplement, il ne le dit pas. Il fait comme John Wayne dans *Rio Bravo* :

« Si tu laisses un autre homme te voir dans ces vêtements, je te fais arrêter.

– Oh mon chéri, tu as mis si longtemps !

– À quoi faire ?

– À me dire que tu m'aimes ! »

C'est pourquoi lorsqu'il me dit en claquant la portière : « Tu es en retard, comme toujours », je m'émeus. Je suis sûre qu'il voulait me dire : « Tu m'as manqué ma chérie. »

Je crains de ne pas connaître le secret pour être vraiment ensemble, en profondeur. À vue de nez, je pense qu'on commence par accepter d'être différents. Parce que l'autre est autre, justement. Dans la mesure où il y a de la bonne foi et du dévouement, mon mari est libre de faire les choses à sa façon (la règle est valable pour tout excepté le choix d'un billard recouvert d'une planche en guise de table de salle à manger ; sur ce point, le droit canonique est clair : le mariage, en cas d'acquisition d'un objet aussi incongru, est déclaré nul. Et puis, on ferait quoi de toutes ces serviettes avec nos initiales ?). Épouser la liberté et la différence de l'autre empêche que sa manière de faire les choses ne nous devienne insupportable : sa façon de tourner la cuillère dans la tasse, le ton de sa voix quand il gronde un enfant, son usage insensé de la télécommande (j'accepte notre différence, mais de grâce, pourrait-on expliquer à mon mari qu'au moment du baiser final on ne change pas de chaîne sous prétexte que « de toute façon, on sait comment cela va finir ! »).

Épouser sa différence réduit peut-être aussi considérablement le champ possible des sujets de conversation – sachant que l'on ne parle résolument pas la même langue, un peu comme en anglais lorsque l'on traduit *library* par librairie. Tu lui dis être inquiète parce qu'il était en retard : il se sent contrôlé et étouffé. Tu veux qu'il devine ce que tu penses : il a besoin de panneaux vert fluorescent de trois mètres sur deux avec les mots JE SUIS TRISTE, NE ME LAISSE PAS. Le problème majeur de ces deux langues intraduisibles de l'une vers l'autre est l'occurrence des mêmes termes de façon tout à fait hasardeuse (et trompeuse).

Mon mari, qui soutient que les gestes sont largement sous-évalués, les préfère à l'usage de la parole ; c'est peut-être pour cette raison qu'il déteste le téléphone. Je crains même qu'il ne fasse un jour comme le footballeur qui lève son tee-shirt après chaque but pour exhiber *THE KING OF ROME IS NOT DEAD* inscrit en lettres noires sur son torse et qu'il ne déchire sa chemise à table pour dévoiler ce message, marqué au feutre indélébile : NONNNNN ! ENCORE DES PÂTES AUX OLIVES ! ? !

De mon côté je n'ai pas renoncé à la communication verbale avec les hommes ; j'ai simplement concocté deux ou trois petits expédients au cas où le besoin urgent d'une conversation se ferait sentir.

J'exclurais déjà le matin – chose facile pour moi car je passe les quatre ou cinq premières heures de ma journée à essayer de savoir qui je suis, pourquoi je vis, où est mon tee-shirt et quel enfant doit aller à la maternelle (j'en ai un qui se débrouille tout seul, Dieu merci, et maintenant je sais qu'il part avec la devise de la cent-unième division aéroportée : « J'ai rendez-vous avec le destin », mais je ne dois pas m'inquiéter, non, il ne va pas risquer sa peau pour de vrai). Si, dans un bouchon en voiture, l'envie me prend de parler avant midi, il est bon que je fasse des déclarations ne requérant non seulement pas de réponse mais au contraire, les découragent, du style : « C'est vrai que le lait entier a un goût différent. » Même si mon intention était plutôt de dire : « Je voudrais inviter Cristiana à dîner avec les enfants, tu préfères quel jour ? » Voilà une question à proscrire absolument : ne jamais la poser de manière directe, encore moins s'il ne fait pas encore tout à fait jour, sauf s'il est sous la douche et que, dans l'incapacité d'entendre la question, il donne une réponse au hasard. Exemples d'autres annonces pouvant être faites au conjoint sous la douche : le spectacle de l'école, le désir d'un autre enfant, le projet d'aller voir les grands-parents à la campagne pour cette raison inavouable que l'on souhaite assister à l'échographie d'une de ses sœurs (après quatre enfants, mon mari n'a toujours pas compris ce qu'est une échographie).

Quant aux autres moments de la journée, il faut simplement être prête à saisir l'instant où il aura envie de parler, c'est-à-dire quand vous êtes en train d'écrire l'email de votre vie à une amie, ou quand votre visage fond entre vos mains après dix-sept heures de travail. Il est clair que le sujet dont il aura envie de parler sera l'avenir économique de l'Islande ou la nécessité de tailler les citronniers.

Si en revanche une femme a besoin d'un échange intime et profond sur cette légère tristesse qui obscurcit le fond de son cœur, qu'elle ne garde pas ses pensées secrètes pour elle en déclarant finalement : « J'ai un problème qui m'embête, tu sais... la goutte d'eau qui fuit du robinet de la salle de bain. » Parce que lui va se lever pour aller réparer le robinet ! C'est sa manière d'écouter et de se rendre utile : régler le problème. Aucune femme de bon sens ne se plaint à son mari pour s'entendre répondre : « Mais ma chérie tu es une femme merveilleuse. » Les amies sont là pour ça.

C'est d'ailleurs surtout pour elles, mes amies, que j'ai décidé d'écrire. Que cela n'étonne pas ceux qui, à la lecture du titre, s'attendaient à une belle leçon adressée aux hommes. Je pense, comme Fulton Sheen, que le niveau d'une civilisation se mesure à celui de ses femmes. « Plus grande sera la vertu de la femme, plus fort sera son caractère, plus elle sera amoureusement fidèle à la vérité, la justice et la bonté, et plus un homme devra s'efforcer d'en être digne. »

La femme est le soleil de la maison. D'après Pie XII, elle reçoit le primat de l'amour : voilà ce que l'Église annonce depuis toujours (c'est tout, sauf du machisme).

La grandeur d'un homme marié ne se sépare pas de celle de sa femme, alors qu'une femme peut gagner sa grandeur auprès d'un homme de peu de noblesse, et qu'elle la trouve justement en se démenant pour l'aider à devenir un grand homme.

Nous voulons des hommes capables de donner leur vie ? Je proposerais de le leur dire avec des gestes concrets, c'est-à-dire avec des cadeaux – qui, comme tous les cadeaux, doivent être offerts librement et gratuitement et convenir à celui qui va les recevoir. Des cadeaux capables de faire chavirer leur cœur ! Des cadeaux offerts avec douceur, et non pas donnés comme des cages pour enfermer, ni avec la prétention de celui qui sait de quoi l'autre a besoin. Des cadeaux qui cherchent à saisir les désirs ou, dans la mesure du possible, à les devancer. Mais qui, s'ils n'y parviennent pas, peuvent aussi être refusés.

De vrais cadeaux.

Jusqu'à ce que l'enfant vous sépare

ou De l'amour dans la vie quotidienne

Dans mon milieu professionnel je suis un archétype de la biodiversité : trop peu d'intérêt pour ma carrière et trop d'enfants. Pourquoi le WWF ne m'étudierait pas, me dites-vous ? Il y a peu de chances que cela arrive : je ne suis pas un ours polaire.

De toute façon, j'ai rapidement compris que je m'étais trompée de voie. Cela m'est apparu comme une révélation le jour où j'exposais avec conviction à mon directeur (un grand dirigeant de la télévision publique italienne) ma théorie sur le peu d'importance de toujours actualiser les bulletins d'informations : « Quelle intérêt y a-t-il à donner les nouvelles dans la première édition du journal télé, au regard de l'éternité ? »

Dans son regard empreint de pitié, j'ai clairement vu ma photo punaisée avec l'étiquette : SERVICE PHOTOCOPIE. En résumé, faire carrière n'est pas pour moi. J'ai eu un enfant juste après mon premier contrat à durée déterminée – les trois autres sont arrivés ensuite entre deux contrats – et toutes les fois où une personne évoquait, même superficiellement, une créature de moins de huit mois au cours d'un entretien, nous finissions inexorablement par parler croûtes de lait au lieu de projets de loi.

Pourtant, il m'arrive parfois de me sentir très concernée. J'essaie alors de prendre un air professionnel, comme lors de mon entretien avec Peter Cincotti (il venait d'être élu *The sexiest man on earth* par la revue *People*). Sauf que je suis tombée de la scène avec ma chaise et mes questions bien préparées à la main ! Ce séduisant crooner new-yorkais a essayé de me sauver. Faisant fi du danger, il s'est même élancé vers moi (comme il convient de faire lorsqu'on est l'homme le plus sexy de la Terre). Et donc maintenant, à chaque fois que je vois une photo de lui arborant un sourire sournois de l'autre côté de l'Océan, j'imagine qu'il se moque sempiternellement de cette pauvre journaliste italienne. Cela reste une de mes satisfactions professionnelles. Mais cette journaliste modeste et sympathique, toujours hors champ et prompt à céder la place à ses collègues, ni ambitieuse ni envieuse, subit une stupéfiante métamorphose quant il s'agit de ses enfants.

Car je l'avoue, concernant mes enfants, je suis prise par l'angoisse de la performance : je fais la course aux travaux manuels de la maternelle, aux notes, à la bravoure, à la beauté, à la bonne éducation, à l'intelligence... Comme le dit mon mari, « je fais la course aux enfants » et je sais pertinemment que je ne devrais pas. Mais c'est viscéral. Je me demande bien pourquoi (bien que je ne sois pas sûre de vouloir connaître la réponse).

En fait, je n'arrive pas à savoir quel type de maman je suis et merci de ne pas poser la question à mon préadolescent de fils, qui soutient que ma phrase favorite est : « Tommaso, va faire quelque chose qui ne te plaît pas. Souffrir forge le caractère. » Je crois ne l'avoir jamais vraiment prononcée, mais c'est vrai que je l'ai pensée et je suis du reste une maman casse-pieds en ce qui concerne les devoirs et mon aversion à l'égard de la technologie (les troupes de rebelles que j'ai à la maison soutiennent que les créneaux horaires imposés pour les jeux vidéo sont les plus sévères de tous, mais je ne sais pas si c'est vrai).

Je pense être une maman poule et une maman tigre à la fois, voire une maman vache, vu ma tendance à l'allaitement longue durée. Mais j'ai surtout arrêté de me poser des questions sur le sujet. J'ai consenti (et je sais que la proche adolescence de mon premier fils m'en donnera confirmation) à être une maman imparfaite voire très imparfaite. Si je ne me suis trompée qu'une seule fois par jour et par enfant, j'ai calculé avoir dépassé au fil des ans le quota des treize mille erreurs maternelles. Mais cette évaluation elle-même me semble très très optimiste.

La perfection est une escroquerie et même un vrai danger. L'imperfection vient du fait que nous sommes humains et donc limités, ce qui est une très bonne nouvelle : nous restons des créatures. Nos enfants et nous-mêmes sommes entre les mains de notre Père céleste et devons considérer notre situation sans inquiétude aucune, car l'unité de temps est l'éternité. Nous pouvons donc, nous devons donc avoir la patience de croire que nos efforts avec les enfants porteront du fruit, que notre conjoint fera un pas de plus sur le chemin, que la famille dépassera un moment de crise, parce que notre unité de mesure est la vie entière et que la crise n'a jamais le dernier mot.

Moyennant cette légèreté responsable et cette négligence bienveillante il nous est permis de regarder nos enfants et toutes nos relations familiales avec le soulagement du serviteur inutile faisant son possible, mais conscient qu'il y a un Père qui pourvoit, remédie, raccommode et guérit.

Après de si nobles prémices, si élevées et si pacifiques, je voudrais – de façon chrétienne, c'est-à-dire avec soumission – donner des coups de bâton, affectueux bien sûr, à mon amie Susanna. Depuis que leur premier enfant est né, Luca, son mari, a été péremptoirement exclu du binôme sacré mère-enfant. Or ce binôme, au lieu de disparaître au fil des mois, se renforce au fil des années. Le petit Andrea a rapidement pris possession de tous les espaces physiques et temporels possibles, en commençant par le lit conjugal dans lequel il s'endort systématiquement depuis son troisième jour d'existence (parce que les deux premiers, il était à la nurserie de la maternité). Chacun de ses pleurs d'abord, puis de ses mots ensuite (il a maintenant quatre ans) a été pris en compte avec pour unique objectif de ne pas le mécontenter, sans aucun projet éducatif et avec pour seul effet de le rendre toujours plus insatisfait et capricieux.

Comme je le disais, je ne sais pas quelle sorte de parents nous sommes, mon mari et moi, mais il me semble au moins que nous n'avons pas commis cette erreur. Nous avons un projet éducatif, peut-être mauvais, mais nous en avons un. Je vais vous épargner le discours sur l'importance évidemment fondamentale de savoir dire « non », parce qu'en l'état actuel des choses ce que je retiens est que mon amie s'est complètement et irrévocablement « maman-ifiée » – oubliant qu'elle est d'abord avant tout et par essence, une épouse.

J'espère que mon mari ne rendra pas publiques certaines photos prises quelques jours après la naissance de nos enfants (vous savez, ces portraits pris systématiquement pour faire part de la bonne nouvelle à peine sortie de l'hôpital et fraîchement arrivée à la maison). Ces clichés devraient être radicalement éliminés ensuite, ou au moins partiellement, en découpant aux ciseaux l'effigie de l'accouchée (le crayon qui a coulé autour des yeux, la peau couleur gris souris et le ventre). Ce sont des jours où (je ne sais pas pourquoi, mais j'ai l'impression que ce n'est pas le cas de Victoria Beckham) le syndrome du « de toute façon, au point où on en est... » m'avait fait glisser sur la pente du vieux jogging, de l'élastique dans les cheveux, du grand tee-shirt confortable avec la grosse tache de renvoi de lait sur l'épaule et du visage abattu, pitoyablement non maquillé.

D'après moi, on peut accepter un moratoire de quelques temps, je dirais un petit mois maximum, pendant lequel, dans le tourbillon lait/couches/autres enfants, il est admis que l'on s'oublie une tétine sur la tête. Mais il faut se rappeler ensuite que, lorsqu'on est une épouse, on n'a plus droit à l'enlaidissement comme durant les périodes désespérées d'examen et que la petite pantoufle style déshabillé avec la robe de soirée fait très chic, mais que le gros survêtement et les tongs, c'est triste à mourir.

Mais ne me prenez pas pour quelqu'un qui consulte *La parisienne* d'Inès de La Fressange avant d'ouvrir son armoire. Je crois d'ailleurs que le seul vêtement rescapé du tri serait la robe de soirée de mes vingt ans, qui n'est pas exactement la tenue la plus indiquée pour faire un saut à la pharmacie. Je ne suis pas très tendance, mais j'aimerais l'être si le temps et l'argent me le permettaient. Dans ma vie imaginaire, j'énonce des phrases du type : « Je déteste les jeans baggy ainsi que tout ce qui fait bling-bling », et dans la vie réelle j'ânonne : « Et maintenant que mon dernier pantalon noir à peu près mettable s'est déchiré, je crois devoir me décider cette année à acheter quelque chose ». Là, ce n'est pas une question de style, mais de nature profonde.

Je me suis engagée à la suite de mon amie Elizabetta dans sa croisade anti-culottes taille haute qui remontent jusqu'aux aisselles, visant à chasser de l'esprit des épouses dévotes la vieille lingerie en coton si pratique. Elizabetta est convaincue (tout comme moi) qu'une femme mariée doit prendre grand soin d'elle-même, de son corps, de son intimité et aussi de ce qu'elle porte le jour et la nuit. Un mari en effet, bien que tolérant au plus haut point au sujet des collants douteux (je ne connais pas un homme capable de répondre à la question : « Crois-tu qu'ils sont suffisamment opaques ? »), sera irrémédiablement chiffonné par ces tristes pièces de lingerie à l'élastique fatigué. Pourtant le mal semble très répandu, en particulier parmi les personnes qui gardent un tee-shirt taché quand elles restent à la maison – au lieu de réserver au mari, à l'épouse, la meilleure part de soi : un corps qui n'est pas abandonné inexorablement aux années qui passent, un visage légèrement maquillé. Pourquoi si l'on est catholique, essayant d'être fidèle et même de vivre la chasteté dans le mariage, serait-on automatiquement abonnée à l'enlaidissement casanier? Au contraire ! Œuvrons autant que possible pour un mariage soigné puisqu'il doit durer au moins jusqu'à la mort (sur la suite, on est en train de s'informer, mais il paraît que là-bas, nul problème de style : peut-être recevra-t-on un uniforme) ! Pendant les premières années de notre mariage, j'ai bien sûr commis moi-même une série d'erreurs grossières : j'ai porté des chaussettes en laine bouillie dans l'intimité de nos soirées hivernales et suis allée me coucher le visage graissé comme un esquimau par d'improbables soins esthétiques (et non ce n'était pas du lard, mais une crème norvégienne, mon chéri !), mais je me suis reprise en main juste avant que mon mari ne regarde avec concupiscence les dames de la maison de retraite.

Susanna a complètement oublié de séduire et d'écouter son mari depuis la naissance de leur bébé. La puissance du lien viscéral qu'elle entretient avec lui l'a complètement accaparée et son époux se sent impuissant face à cela. Il ne sait comment s'insérer dans cette étreinte suffocante et exclusive et j'espère qu'il n'est pas tenté d'y renoncer. Je ne connais pas les détails de leur vie intime, mais je peux imaginer une chose : dans leur lit, le soir et pendant la première partie de la nuit il y a leur enfant, si bien que je ne sais pas comment a pu être conçu le deuxième, qui arrive heureusement bientôt. Évidemment, je ne me promène pas en posant aux gens des questions sur leur vie intime – je défends et pratique avec conviction la pudeur, n'abordant avec personne certains sujets sacrés – mais j'ai plusieurs indices me permettant d'affirmer qu'un certain nombre d'hommes sont exclus du lit conjugal. S'ils n'en sont pas exclus physiquement, ils restent hors du champ : plus désirés, ni cajolés et encore moins honorés (oui, quand tu t'es mariée, Susanna, tu as dit « aimer et honorer », j'y étais, j'ai entendu).

Non seulement Susanna a oublié Luca, mais elle a décidé de l'engager comme nounou, infirmière et femme de ménage, un peu comme si l'enfant était seulement à elle et que son mari devait « l'aider », sans apporter un style personnel et masculin. Inutile de préciser qu'avec un enfant aussi gâté et donc exigeant, les besoins sont multiples. Mon amie est très fatiguée, c'est vrai, mais entièrement habitée par le feu sacré de sa nouvelle mission de maman : elle ne se fait aider par aucune personne extérieure et, ayant une lecture erronée de l'unité conjugale, souhaite que son mari ou les grands-parents seuls renouvellent leur soutien à chaque nouveau besoin de l'enfant.

Cela étant, la question éducative mise à part, ce qui me soucie le plus chez Susanna, c'est sa vie de couple. Son mari n'est jamais à l'ordre du jour, il n'est jamais le sujet de la soirée, elle ne se fait pas belle pour lui, elle ne décide jamais de regarder avec lui *La Mémoire dans la peau* en faisant semblant d'en comprendre la trame (en tout cas, il y a un baiser à la fin, Susanna, un seul mais cela en vaut la peine), elle ne l'invite pas à dîner, ne le courtise pas, ne l'écoute pas, ne valorise pas ce qu'il dit ou pense.

Je n'ai guère d'échanges avec Luca, mais son idée d'organiser un voyage à deux pendant trois jours était vraiment inspirée. Seulement voilà, Susanna ne se décide jamais à dire oui : il suffit de quelques degrés de fièvre de son fils pour qu'elle reste cloîtrée chez eux. Luca est pourtant un homme, un vrai, et je crois qu'il a décidé de se battre pour elle. Il essaie de rompre ce lien exclusif et j'espère qu'il y arrivera avant l'apparition, si ce n'est déjà fait, d'une femme qui lui enverra de séduisants mots doux empreints d'admiration et des « clins d'yeux de biche ». C'est un bel homme, il a un poste de chef – deux irrésistibles critères pour certaines femmes – et le vide laissé par mon amie ne durera probablement pas longtemps.

Luca, je t'en prie, ne te limite pas à une seule tentative ; insiste et lutte pour retrouver ton épouse. Dis-lui clairement que tu la veux à nouveau toute à toi, surmonte ses résistances et sors-la. C'est parfois si reposant pour nous d'obéir...

Voici un petit mémento pour mon amie et pour

toutes les Susanna qui sommeillent en nous : ta vocation reste ton mari et le fait d'être maman ne doit pas te le faire oublier. Pour des enfants, il n'est pas de baume plus régénérant que de voir leurs parents s'aimer, se désirer, prendre soin l'un de l'autre et se plaire. Je n'entends rien à la psychologie mais mon petit doigt me dit que tout cela les aide également à développer une identité sexuelle plus sûre. Si mon père, auquel je m'identifie, est bon, comme me le confirme ma mère que j'aime aussi (elle l'apprécie, le courtise et le valorise) cela signifie que mes qualités masculines sont bonnes et qu'elles valent la peine d'être exercées. Quelle confiance en lui-même un fils peut-il déployer si son père est constamment critiqué et diminué par sa mère ? Cela est valable aussi pour une fille (qui sait si mon amie n'attend pas une fille ?) : il s'avère rassurant de voir ses parents se désirer et se valoriser l'un l'autre.

Et c'est possible ! J'ai deux amis qui ont une nichée d'enfants, ils sont ensemble depuis toujours et à voir leur manière de se regarder, de se sourire, de s'effleurer et de se désirer on sent que leur vie intime demeure une source de joie profonde. « Bien sûr, dit mon amie (elle s'appelle Raffaella), mon mari est toujours à la première place et je consacre du temps et de l'énergie à notre intimité : il ne s'agit pas d'une tâche parmi d'autres à insérer dans la journée. Je prends le temps de porter des bas, de l'écouter attentivement et avec tendresse, dans un quotidien qui est aussi fait de maux de tête et de rôti brûlé. »

Ce n'est pas la peine d'aller aux Maldives pour seriner : « Mais où m'as-tu emmenée ? C'est quoi cet hôtel ? La prochaine fois, c'est moi qui décide. » Préservons le rituel et conservons une gestuelle amoureuse, afin que notre chevalier continue de nous faire la cour ! Oui, c'est possible, même après une journée formidable passée à remplir la déclaration d'impôts, ou coincée sur le périphérique dans les embouteillages à songer aux débouchés professionnels des enfants (je me demande souvent comment un spécialiste du coude levé, un susceptible chronique, une championne mondiale de chute sans obstacles et une petite fille koala accrochée sempiternellement à sa mère vont dégoter une place sur le marché du travail). Il est pourtant indispensable, surtout après des journées comme celles-ci, que l'époux fasse mémoire de ce qu'il est : un chevalier qui a tout donné pour acheter un champ dans lequel il a trouvé un trésor (son épouse forte et soumise) qu'il va pouvoir vénérer.

Quant à la cour, ma chère amie, souviens-toi que l'amour chez un homme passe d'abord par la vue : une apparence soignée est donc obligatoire. La sainteté et l'oblation résident peut-être parfois davantage dans une jolie petite robe plutôt que dans la veste en polaire que tu portes chez toi. Entre parenthèses, le concept de vêtements d'intérieur doit être totalement éradiqué. Mais où donc dois-tu être la plus belle ? Pour qui te maquilles-tu ? Pour tes collègues ? Qui dois-tu conquérir, séduire et garder pour toi ? Le marchand de tabac ?

Susanna, je voudrais que ton mari te dise ouvertement : « Appelle la baby-sitter, va chez le coiffeur et chez l'esthéticienne. Cours te racheter du fond de teint et fais tout ce qu'il faut pour te relooker ! » Ce n'est pas la femme, dit saint Paul, qui dispose de son propre corps, mais son mari et ce n'est pas le mari qui dispose de son propre corps, mais sa femme. Peut-être Luca formule-t-il ses demandes avec trop de délicatesse. Je crois qu'il faut être direct : avec délicatesse, tu ne l'écouterais pas.

D'ailleurs sais-tu qu'Augustin, ce saint, cet évêque, ce père et docteur de l'Église, l'un des plus grands esprits de l'Histoire (non, il ne s'agit pas d'Yves Saint Laurent), gronde par lettre interposée Ecdicia, parce qu'elle ne s'habille pas bien en raison d'une incompréhension de la notion de pénitence ?

Si c'est saint Augustin qui le dit, et d'après moi tu peux te fier à lui, tu dois absolument soigner ton apparence, « pour ne pas dégoûter ton mari » comme il l'écrit lui-même, « afin de gagner son âme au Seigneur et l'arracher à Satan qui se promène comme un lion rugissant ». Car le mari d'Ecdicia avait de fait pris une maîtresse. Là glissons rapidement sur le fait que saint Augustin fustige les vêtements noirs (étant donné que je ne peux rien acheter d'autre que du noir, du gris ou du bleu nuit, à cause de mon teint vert olive qui, associé à n'importe quelle couleur, me donne un air de nappe de pique-nique).

Cette lettre d'Augustin me donne occasion de te reprendre sur un autre front, ma chère amie. Ce saint génial nous rappelle à nous, femmes mariées et chrétiennes, que nous devons veiller à une chose plus profonde encore. Notre époux est la voie royale pour vivre pleinement notre vocation : connaître, aimer et servir Dieu. Tu ne dois pas agir malgré ton mari, mais à travers lui. Ainsi se comportaient, nous le rappelle saint Pierre, les saintes femmes qui mettaient leur espérance en Dieu et qui en même temps restaient soumises à leur mari.

Comment te serait-il possible de vaincre les résistances de ton mari pour aller voir des prêtres, des moines ou des religieuses alors que toi-même tu n'arrives jamais à te détacher de ton fils ?

Tu me connais. Je vais à la messe tous les jours et j'envie mes compagnes de banc ultra-septuagénaires qui ont le temps de prier le chapelet ensemble alors que moi, je dois le prier toute seule (et je m'endors souvent). Je me sens aussi un peu exclue parce que je n'ai ni les chaussures Mephisto ni le petit sac à main rigide à poignée des années 1960 – qu'elles ne considèrent d'ailleurs pas comme un accessoire vintage, mais comme un accessoire toujours très tendance. En revanche je chante à tue-tête avec elles tous les tubes comme *Un grand champ à moissonner,* même si ma préférée reste *Nous te saluons.*

Mais ces choses-là, je les fais seule. Comme il se doit. Il faut laisser ton mari tranquille. Je ne vous dis pas d'aller ensemble à un spectacle de *lap dance,* mais les enseignements, les partages et les groupes de prière, ça suffit ! Sauf si c'est lui qui te le demande. C'est comme si tu nourrissais une sorte de luxure spirituelle : tes désirs sont sans limites. Tu veux sans cesse en vivre toujours plus, découvrir de nouvelles formes de stimulations. Maintenant que tu connais tout cela, c'est le moment d'exister sans avoir besoin de chercher encore et toujours un mode d'emploi. C'est vrai que la connaissance ne suffit pas, il faut également alimenter sa foi. Mais cela se passe entre Dieu et toi, dans la prière.

Oui, c'est agréable et nécessaire d'avoir des compagnons de route autour de soi, « des amis de Jésus » comme disent mes filles : une présence gratuite, précieuse et irremplaçable. Mais il y a en premier lieu ton mari : ton chemin vers Dieu, c'est lui et tu ne peux pas le mettre de côté après avoir travaillé, pensé aux enfants et à la maison. Tu ne dois pas transformer ta maison en église et il ne s'agit pas non plus de chercher trop souvent l'église à l'extérieur pour fuir la maison. Et le temps pour lui ? Comme le dit saint Augustin aux femmes qui ont scandalisé leur mari par trop d'exigences – abstinence, aumône et pénitence –, l'épouse ne s'appartient plus, mais elle appartient à son chef, c'est-à-dire à son mari. C'est avec lui qu'il faut mettre en pratique tout ce que tu as appris. Il passe avant tes engagements à la paroisse, chère amie, et avant toutes les choses que tu réalises en pensant faire le bien mais en le négligeant, lui.

Je sais bien que pour nous, femmes mariées, c'est parfois difficile. Il n'y a pas seulement le duel entre Dieu et notre égoïsme – duel très fatigant qui a des implications claires pour les personnes consacrées. Pour nous, il y a un « duel à trois » : Dieu, notre égoïsme et notre famille, composée de personnes qui parfois ne partagent pas notre chemin, ou bien pas tout à fait, ou encore d'une manière différente. Le défi est de tout tenir ensemble, en gardant bien cette règle en tête : rester prodigue de ton temps personnel et avare du temps dédié à la famille.

Il y a aussi le fait que nous, chrétiens, avons parfois des rêves de gloire et de martyre étincelant, alors que notre appel et notre vocation, du moins dans cette partie du monde, réside souvent simplement dans cette petite réalité : aimer toujours et malgré tout cette personne à nos côtés, ainsi que nos enfants. Apprendre à les aimer comme ils le souhaitent, les aider à être heureux ici-bas et à gagner leur salut pour l'éternité. Nous sommes cependant parfois comme Naaman le Syrien, dans le Livre des Rois : prêt à tout pour guérir, mais presque déçu que le prophète lui intime simplement de s'immerger dans le Jourdain. C'est tout ? Dans la fidélité docile à ce que nous appelons « C'est tout ? » nous trouvons justement le salut.

Le mari a le droit et le devoir de faire des rappels à l'ordre. Il peut redire à son épouse, sans avoir peur de commettre un sacrilège, qu'elle n'est pas une religieuse, et que sa manière de prier doit ressembler davantage à celle du pèlerin russe qu'à la liturgie des heures rythmant la vie monastique. Parfois je me demande si les laudes du matin faites vers l'heure du repas de midi sont encore valables. Peut-être suis-je en phase avec quelques fidèles de New York... À l'heure des vêpres, me voici en plein dans le rush devoirs-copains-goûter, et des « maman, il m'a dit que je sentais pas bon », « maman, je n'ai plus de cahier ». Illico, je me mets à hurler « C'est parti ! On met les chaussures et on y va ! ». Et on part acheter un cahier. Mais il y en a toujours un qui ne veut pas y aller (« Je veux me reposer un peu à la maison »), ou qui feint un malaise (« il faut m'emmener chez le noto-rhino, j'ai l'enrhube »), ou qui me dit qu'un cow-boy ne peut pas perdre son temps dans une papeterie (« Poupée, j'ai deux amis : un dans le holster et je le garde chargé, et un dans la flasque qui me tient chargé ! »). J'explose alors en menaces qui ont peu à voir avec du chant grégorien et dont je ne souhaite pas reporter le contenu détaillé noir sur blanc, au cas où cela ferait venir les services sociaux. Quoi qu'il en soit, voilà mon heure de Vêpres et je n'y peux pas grand chose.

Enfin, si Susanna a réussi à me lire jusque-là, il y a un autre aspect de sa vie familiale qui devrait être revu, c'est le rôle de ses beaux-parents. La chose est ici très compliquée.

Je dirais ceci : quand arrive le miracle, de plus en plus rare et de plus en plus difficile pour de multiples raisons, de la création d'une nouvelle famille, il faut soigner cette petite plante avec un soin extrême, surtout au début. Parmi les nombreuses attaques qu'elle subit, il y a celle du tir « ami », dispensé par les familles d'origine, quand des parents (surtout une maman) ne se résignent pas à laisser partir leur enfant (surtout un fils, mais aussi une fille), en particulier quand c'est un enfant qui ne veut pas grandir. Quand nous acceptons d'être mères, nous choisissons le martyre : nous choisissons de faire passer la vie des autres avant la nôtre. Il est difficile de laisser les enfants s'en aller et de se retirer pour revenir à une juste place. Il paraît même que c'est, pour les mariages récents, la première cause de divorce en Italie.

La pire des choses à faire, quand il y a un tir « ami », c'est de partir dans des accusations réciproques entre mari et femme et envers les beaux-parents. Car nous sommes désormais toi et moi, seuls, sans les autres. Nous jouons notre propre partition et nous passons avant tout et avant tous les autres. Peu importe ce que nous disent nos parents, les conseils qu'ils nous donnent, les critiques, les propositions d'aide (l'exemple du cheval de Troie montre qu'on devrait toujours se méfier de certaines personnes). Nous pouvons, mieux, nous devons, prendre le risque d'offenser et de décevoir nos parents, parce que nous ne sommes pas comme eux et que nous avons changé depuis notre mariage. Maintenant, nous devons devenir une seule chair.

La meilleure façon d'honorer vraiment son père et sa mère est de se détacher d'eux : de prendre du recul, de franchir la frontière pour devenir des adultes qui regardent leurs parents dans les yeux, d'égal à égal. Arrêtons d'être fils et fille de. Que cela ne vous semble pas cruel, car cela ne signifie en rien refuser, renier ou diminuer l'immensité de ce qui a été reçu. Cela signifie au contraire valoriser. Regardez chers parents, vous avez été tellement bons que je mène désormais ma vie grâce à tout ce que vous m'avez donné. Et cesser d'être fils ou fille pourra bientôt signifier aussi être parents de ses propres parents, être prêts à les aider en cas de besoin, voire à les faire renaître si survient une difficulté.

Dans le cas de mes amis, celui à qui il faut donner des petits coups de baguette, c'est Luca. Il a permis à sa mère beaucoup trop d'ingérences dans leur vie. On lit partout qu'un nouveau modèle de grands-mères est en voie d'éclosion : trop occupées par le travail, les expositions et les voyages d'agrément qu'elles ne se sont pas offerts dans leur jeunesse, elles n'auraient pas le temps d'enquiquiner leurs enfants. Pure fiction ! Elles n'ont peut-être pas le temps de s'occuper de leurs petits-enfants, mais elles trouvent toujours le temps de donner leur avis (qu'on ne leur avait pas demandé).

Je sais qu'il me faudra un effort surhumain pour ne pas devenir une belle-mère terrible avec mes futures belles-filles (sachant qu'à l'époque de la maternelle, la chère petite amie de mes garçons m'était déjà insupportable). En fait, lorsqu'un fils se marie, deux femmes, aussi parfaites soient-elles, se disputent le même territoire : l'épouse se sent comme une tigresse et elle voit sa belle-mère comme une lionne. Or si elles parviennent à rester toutes deux les épouses de leur mari en premier lieu, leurs territoires seront différents. Mettre l'époux à la première place guérit dans ce cas-là aussi les liens mal ajustés.

Luca n'arrive pas à comprendre que Susanna aimerait qu'il la défende si elle est attaquée par sa belle-mère. Pour lui, sa mère est intouchable et quand son épouse la critique, il souffre. Seule solution : que chacun fasse le grand saut, qu'il (et elle) honore son père et sa mère mais en cessant d'être fils et fille de pour devenir à leur tour père et mère. Si chacun fait ce travail sur soi, tout devient plus facile, parce qu'on évite les accusations réciproques ou les critiques concernant la famille de l'autre.

Voilà, entre autres raisons, pourquoi je milite pour une aide salariée extérieure à la famille : les grands-parents, dans la mesure du possible (et je sais que c'est rarement le cas), doivent être des jokers. Je déconseille de les inclure dans l'organisation quotidienne. Si tu leur demandes de l'aide, tu prends en contre-partie le paquet complet de critiques, de conseils déplacés et de bougonnements.

Si tu souhaites maîtriser la ligne éducative, tu dois être présente, ou bien te faire remplacer par une personne à qui tu livres le mode d'emploi. Les grands-parents, libérés d'un service stressant et obligatoire, sont là pour raconter des aventures passionnantes, cajoler, apprendre des choses surannées, jouer à « un, deux, trois, soleil ! », chanter des comptines oubliées, un enfant sur les genoux, recueillir des confidences interdites même à maman et, enfin, donner de sages conseils.

Il est clair que les femmes de notre génération sont différentes de nos mamans : ma mère trouve mon niveau de compétence domestique désolant et j'admets volontiers que je devrais savoir, après une quinzaine d'années de mariage et plusieurs milliers de taches sur tout type de vêtements, que l'eau de Javel est prohibée sur les vêtements noirs, en particulier sur les imperméables préférés de ces messieurs. Mais elle me connaît et s'est résignée. Le jour où elle m'a vue à la télévision vêtue d'un pauvre tee-shirt au col découpé par mes saintes petites mains (munies d'une paire de ciseaux à bouts ronds trouvée dans le panier de feutres) une heure avant l'émission, elle m'a tout de suite téléphoné pour remédier au problème en me proposant un tour dans un magasin bon ton – alors que mes collègues pensaient à du Jean-Paul Gaultier des années 1980 (« Incroyable, on dirait que c'est coupé à la main. » Incroyable, oui). Ma maman, en revanche, on ne la lui fait pas... même à deux cents kilomètres de distance.

En outre, les femmes de notre génération font des choses hétéroclites. Ce n'est ni bien ni mal, mais c'est un fait : je n'ai pas peur d'aller toute seule à l'autre bout du monde et je l'ai déjà fait (il suffit de me téléphoner à l'heure du réveil), et je gère facilement sept ou huit goûters à la fois, mais aller au marché revêt pour moi des allures d'expédition pleine de pièges, car je suis incapable de différencier les viandes et j'ai probablement acheté des poules arrière-grands-mères mortes de vieillesse sans même m'en apercevoir. Impossible de me rappeler la cuisson de la semoule – combien de lait, combien d'eau, combien de temps – mais possible de calculer rapidement la vitesse optimale pour courir un marathon en moins de trois heures (d'ailleurs, petit détail, pendant que je fais ces calculs, la semoule brûle). Je joue à la Barbie mais j'achète les légumes déjà lavés. Je sais écrire un documentaire mais je ne sais pas coudre un ourlet. Je ne m'en vante pas (bien au contraire) mais c'est comme ça et je crois que mon mari n'y voit pas d'inconvénients, sinon il aurait épousé cette demoiselle qui fait de la broderie toute la journée sur des rideaux en lin.

De la part de Luca, je veux le grand saut. De la part de Susanna, je veux la patience de l'attendre. Souviens-toi que, lorsque tu épouses quelqu'un, tu épouses aussi son histoire et sa famille, puisque les deux font partie de lui et que personne ne s'est fait tout seul.

Chère Susanna, pardon si je te réprimande encore, alors que dans ce cas-là le problème vient de ton mari. Je crois vraiment que notre vocation au mariage est une sorte de sacerdoce. Nous devons accepter de perdre notre vie, d'oublier notre corps, nos sens et nos pensées, en somme offrir à Dieu tout notre être, en nous mettant de son côté pour sauver l'homme. Tout nous sera rendu ensuite, mais au centuple, justement parce que nous aurons accepté de commencer par tout perdre. Lorsque l'homme verra notre générosité, il éprouvera aussi le désir de donner sa vie pour nous.

Pour faire comprendre ton nouvel engagement à Luca, pourquoi ne pas lui cuisiner des macaronis au sanglier (n'oublie pas que le sanglier doit mariner dans des herbes et du vin dès la veille au soir, et que la pâte des macaronis, ce n'est pas de la blague non plus). Peux-tu le faire ?

... vous sépare

Cher Luca,

Voici la surprise que je te concoctais en cuisine. Tu craignais un plat en pâte à modeler, n'est-ce pas ? Eh bien voilà. J'ai cuisiné longtemps (j'ai mis le sanglier à mariner avec des herbes et du vin dès hier soir ; j'avais peur que tu le trouves, mais heureusement, tu n'as rien remarqué, et même si le sanglier avait été vivant et qu'il dormait dans le meuble à chaussures tu n'aurais rien vu !). Pour la pâte des macaronis, j'ai téléphoné à mes tantes aux quatre coins de l'Italie (j'ai même dû remonter au quatrième degré de parenté). C'est juste pour te dire que je veux te consacrer du temps et me détacher aussi un peu de notre enfant, auquel je suis agrippée comme un mollusque à sa coquille. Je vais aussi cesser de chercher continuellement des pères spirituels, des rencontres et des émotions, parce que je veux être avec toi. Peut-être même que nous pourrions recommencer à sortir tous les deux (oui, d'accord, avec le ventre rond mais il ne nous dérange pas encore). J'aimerais aussi que tu fasses un grand saut, mais pas de pression, peut-être auras-tu envie d'en parler plus tard, quand j'aurai retrouvé mon rôle.

Ton épouse, encore plus épouse et de plus en plus à toi,
Susanna

Cette maison n'est pas un hôtel
ou De l'autorité paternelle

Même si en plein mois d'août je garde mon manteau dans notre voiture sept places et tâche de récupérer quelques degrés de chaleur en adhérant comme un lézard gecko à la fenêtre parce que c'est mon mari qui règle la climatisation, même si j'élève un tantinet la voix pour parler théologie avec les filles qui se trouvent au premier rang des passagers (C'était quoi le nom de famille de Jésus ? Ça veut dire quoi Dompteur ? Non, Lavinia pas Re-Dompteur, Rédempteur tout attaché), pendant que les garçons écoutent avec une toute autre dévotion la musique choisie par leur père au volume vingt-huit (une épouse soumise ne demande de baisser le son qu'un maximum de sept ou huit fois, alors qu'elle voudrait le dire deux cent trente cinq fois, durant le voyage), et même s'ils réclament à manger tous les deux kilomètres (je crois que Chrysler a imprégné le tissu des sièges d'un stimulant de l'appétit spécialement fabriqué à Détroit), malgré tout cela, disais-je, le départ en vacances de ma famille figure encore parmi les expériences légales. Extrêmes, mais légales. C'est le fruit d'une douce logique (sauf que je n'arrive pas à m'expliquer comment du riz au safran a pu finir dans le coffret à CD).

Un chef décide de la destination et des horaires, une lieutenante retarde et entrave, mais pourvoit à tous les besoins en terme de ravitaillement, trousse de secours et produits de première nécessité (doudous, bandes dessinées, pansements, bonbons, chapeaux de la Luftwaffe, sandwichs, brassards et chapelets) et quatre soldats ronchons se distraient et sont parfois possédés par des malfaiteurs ou des héroïnes mièvres (j'ai parfois l'impression que nous sommes neuf dans la voiture et non pas six), tout en restant fidèles aux postes attribués.

Et ce n'est pas si éreintant. On me pose souvent cette question : « Comment fais-tu pour garder ton calme ? » Aurais-je les réflexes sérieusement esquintés, ou les occasions d'énervement ne sont pas si nombreuses qu'il n'y paraît ? Si je suis sereinement convaincue d'avoir commis une longue chaîne d'erreurs dans l'éducation ouverte et pleine de fantaisie que je prodigue, *in fine* elles ne sont peut-être pas fatales pour l'équilibre global de mes enfants (j'espère avoir le temps de retirer ce livre du commerce lorsque mon petit dernier menacera un enfant de son âge avec des tessons de bouteille pour lui voler sa montre).

Il existe des enfants avec lesquels il suffit de passer à peine quelques heures pour songer de façon sérieuse – comme le dit un ami –, même sans sauter le pas, à la vasectomie. Et il est vrai que ces enfants-là ne sont pas si rares (je vous épargne le petit sermon sur la catastrophe éducative généralisée, qui est pourtant une de mes spécialités, mais vous pouvez m'appeler si vous souhaitez l'entendre). Je ne fais pas allusion ici à des enfants réalisant des actions légèrement gênantes comme entrer dans un restaurant en criant : « Les hommes de Makarov tiennent les civils en otage ; mesdames, je vous demande la permission de tirer », ou bien dangereuses, comme passer à toute vitesse en skateboard devant ses sœurs qui sont sur la balançoire, les pieds lancés dans l'air à soixante-quinze kilomètres à l'heure, en essayant de les éviter (par définition, les coups de pied finissent par retomber !) – activités hautement déconseillées aux mamans appartenant à l'association des cardiaques italiens. Ces inventions sont le travail principal des enfants, des miens pour le moins, et si elles cessaient, j'en serais très inquiète. Que mon fils entre dans un restaurant et qu'au lieu d'imaginer une attaque terroriste, il se mette à observer avec attention les clients, ou à déclarer d'un ton grave : « Regarde, le comptoir de marbre doit dater du vingtième siècle », j'appellerais immédiatement le médecin de garde. J'ai des enfants surréalistes et je m'y suis résignée il y a longtemps déjà. Un seul instant de distraction et il y en a toujours un pour crier : « Attention derrière toi !

— Qu'est-ce qu'il y a ?

— Un regret ! »

Ou bien d'autres choses du même genre. Je sais aussi que malheureusement, notre signe distinctif est qu'une de leurs tenues n'est jamais complète sans une tache – de ketchup ou de chocolat, mais jamais de brocoli – ou un lacet trop long qui balaie le trottoir. Néanmoins ce type de tare n'est selon moi pas un problème, sauf en cas d'audience privée avec le pape (l'événement le moins imminent du monde).

Le vrai souci, ce sont ces enfants qui répondent mal aux parents, ou pire, qui ne répondent pas du tout, car totalement indifférents aux directives et aux rappels à l'ordre. Ceux qui traitent leur père d'idiot parce qu'il a fait tomber sa glace (chez le marchand de glace, les familles montrent leurs mécanismes de fonctionnement véritables ; je serais vraiment curieuse de lire quelque essai de glaçologie clinique) ou filent un coup de pied à leur maman parce qu'elle a éteint leur jeu vidéo. Ceux qui regardent d'un œil inexpressif un père leur interdisant d'ouvrir la pompe à eau et qui l'actionnent par défi, pour voir comment le père va réagir (pour la petite histoire, la plupart des fois, le père ne fait rien ; il esquisse tout au plus une légère réprimande respectueuse). De nos jours, le père ne sait plus être celui qui inflige la blessure de la séparation d'avec la mère – fonction qu'aucun manuel imbibé d'idéologie du genre et d'interchangeabilité des rôles ne parviendra jamais à nier. La mère est la certitude de l'amour, du réconfort et de la satisfaction ; un nid chaud dans lequel il est impensable de rester pour toujours, sous peine de ne pas grandir. Si les pères ne sont pas pères, ils façonneront une génération de grands enfants, c'est-à-dire de personnes incapables de faire entendre leur voix et de transformer le monde.

Un enfant n'ayant jamais été soumis à aucune règle en réclame ardemment. C'est tellement évident que même moi, je l'ai compris. Et j'ai essayé de le dire délicatement et de façon détournée plusieurs fois au père d'un petit ami de mes enfants.

Daniele a un enfant qui, évidemment, n'est pas le mien. Et Daniele n'est ni quelqu'un de ma famille, ni un ami intime. C'est pourquoi mon mari m'invite à m'occuper de mes affaires (avec un florilège d'expressions romaines très incisives que je ne rapporterai pas dans un texte de haute qualité littéraire comme celui-ci), à laisser tomber les enfants des autres, et surtout leurs pauvres parents. Cependant cela m'est impossible, parce que distribuer des conseils est une chose merveilleuse – si vous m'ôtez cela, autant me priver de quatre-vingt pour cent de mon forfait téléphonique – et parce que cet enfant me fait vraiment de la peine.

Daniele est un père diablement consciencieux et il

forme un couple uni et très solide avec la mère, avec laquelle il y a une vraie interaction et un réel partage des tâches, ainsi que la même ligne éducative. Ils n'ont acheté que des poussettes ergonomiques ; je ne veux même pas essayer de comprendre de quoi il s'agit, mais je sais qu'elles sont très suédoises, très chères, et qu'elles surélèvent les enfants au-dessus des pots d'échappement (moi qui vis à Rome, je pense qu'avec la pollution il est plus sensé de hisser le drapeau blanc : comment écoper un paquebot avec une cuillère à café ?). Daniele emmène le petit au parc en le serrant contre lui dans une écharpe de portage, à la manière d'une maman africaine (en pratique, un gros paquet de tissu acheté dans un magasin sévèrement bio et donc très cher. Un machin qui rend d'ailleurs un homme sexy et séduisant comme une commode de style campagnard fabriquée en Chine). Au bébé, on ne fournit que des couches lavables afin d'effacer la honte suprême d'avoir pollué et offensé la grande Déesse universellement honorée : notre Mère la Terre. Il paraît que chaque couche, pratiquement indestructible, reste dans l'environnement pendant deux ères géologiques, ce qui est pire que l'uranium 238 (à bien y regarder, il eut été préférable de ne pas faire d'enfants du tout : d'après les écologistes, une génération en voie d'extinction a effectivement un impact proche de zéro, car qui ne naît pas ne pollue pas).

Le délicat palais de bébé n'est profané par rien qui ne soit rigoureusement bio, éco, organique, dans une harmonie parfaite entre notre Mère la Terre et les cellules exquises du rejeton, sur lequel se déploient la sagesse et les soins puériculturels de huit ou neuf personnes (entre les parents, les grands-parents et les oncles et tantes).

La maison du petit souverain s'est instantanément remplie de protège-coins, de jeux éducatifs en bois de bouleau et d'horribles gros coussins aux couleurs improbables (qui a dit que les enfants devaient forcément aimer les clowns voyants et les ours à l'air idiot ?). Le salon a été entièrement colonisé et il a semblé indispensable d'acheter une voiture break, comme si un enfant, un seul enfant, avait besoin de se déplacer avec une quantité astronomique d'accessoires. Il s'agit sans doute de stratégie de vente : puisque les gens font peu d'enfants, il faut les « super-accessoiriser » pour continuer à faire des profits. On doit convaincre les jeunes mamans fragiles et terrifiées que les couches ne vont pas dans un sac normal, mais qu'il faut au contraire les glisser dans un sac à bandoulière en tissu matelassé tristement fantaisie, si possible décoré de lapins ou de petits parapluies.

Daniele et sa compagne Elena ont le trousseau complet et ils font le maximum, rien à dire. Ils en font tellement que la seule idée de contrarier l'enfant les fait paniquer. Au fur et à mesure que l'enfant a grandi, c'est devenu tout à fait évident. Toutes ses demandes ont été immédiatement satisfaites et quand ce n'était pas possible, l'occasion n'a même pas été exploitée à des fins pédagogiques. On ne lui a jamais dit : « Je ne te l'achète pas car cela ne sert à rien » ou bien : « Tu as déjà reçu un cadeau », ou encore : « L'argent n'est pas inépuisable alors si nous achetons cela, nous n'irons pas au cinéma. » On lui a dit : « Le magasin est fermé... Le jeu est fini... La dame ne va pas nous le vendre aujourd'hui », de telle sorte que la responsabilité du non n'incombe jamais aux parents. Ou, pire encore, on la fait retomber sur lui : « Je ne te l'achète pas car tu n'es jamais content et demain tu voudras autre chose ». Car, soyons précis, le summum de la cruauté est de dire oui à l'enfant puis de lui en faire reproche jusqu'à la culpabilité (« D'accord, mais tu verras que demain tu n'y joueras plus. De toute façon, tu vas le casser. Tiens, mais tu ne le mérites vraiment pas »). C'est comme ça qu'on lui glace le cœur et que son désir de jouer disparaît tant ses yeux sont gonflés de larmes.

Chaque non prononcé est en somme une tragédie – les enfants ne saisissant pas le concept fondamental de la limite qui n'offense pas mais protège. Cette limite montre que nous ne sommes pas tout-puissants. Mais pour nous qui avons connu Dieu en Jésus, le divin dans l'humain, c'est plutôt une bonne nouvelle, c'est la bonne nouvelle. La limite comme finitude renvoie au sens de la vie et en dilate aussi notre perception à nous, adultes, toutes les fois où elle se présente. Imaginons alors à quel point elle est importante pour des enfants qui n'ont pas encore d'idée sur le sens de la vie.

« Tu ne peux pas rester chez grand-mère », « Tu ne peux pas sortir de table », « Tu ne peux pas te baigner » sont devenues des paroles impossibles à prononcer pour Daniele et Elena. De lourds obstacles ne pouvant être franchis qu'à grands renforts de négociations et paraphés comme des traités de paix. « Encore dix-huit minutes chez grand-mère », « Tu manges assis mais tu peux regarder la télévision et si tu te lèves, je te poursuis avec la fourchette », « D'accord, tu te baignes, mais surtout ne prends pas froid » (ça, on fait comment ?).

Manger, dormir, faire ses devoirs – des choses infimes qui jusqu'à présent se faisaient un point c'est tout, sans provoquer de rencontre trilatérale entre tous les partenaires sociaux – sont devenus des champs de bataille entre des parents dont la hantise est de rendre leurs enfants mécontents et des enfants terrorisés de ne pas avoir de parents (c'est-à-dire des personnes qui savent comment se font les choses et ne me laissent pas à moi, qui suis petit et ne comprends rien au monde tel qu'il est, la liberté de décider des choses plus grandes que moi). La liberté est la récompense de la maturité, mais si elle arrive trop tôt, elle devient une condamnation.

Je reconnais qu'il est difficile de saisir la richesse et la noblesse du défi éducatif quand une fille vomit au moment précis où l'un de ses frères – qui, comme son père, prononce sept ou huit mots par jour – décide que c'est le moment de se confier à sa maman, tandis que l'autre pose des questions embarrassantes (des petites questions du genre : « Mais Dante, où a-t-il mis exactement Mahomet dans la *Divine Comédie* ? »), risquant de mettre au jour ton ignorance devant ta progéniture (jusqu'à quinze ans les enfants devraient nous voir gonflés d'autorité et ne même pas soupçonner qu'à la quatrième grossesse le reliquat de ta culture classique s'est envolé). À ce moment-là (moment adéquat au possible), la petite dernière décrète qu'elle se passera désormais de légumes et refuse donc de manger son minestrone. Le défi éducatif peut-il attendre ? Alors que tu nettoies le vomi avec du papier absorbant, tu essaies de te souvenir de l'enfer dantesque en écoutant les confidences du jeune ours. Tu voudrais proposer à la petite un menu alternatif à base de graisses hydrogénées et éviter de lui crier dessus, ne serait-ce que pour ne pas avoir de rides (Nora Ephron dit que la peau du cou commence à se relâcher autour des quarante-trois ans et j'ai bien l'intention de parvenir à ce seuil aussi lisse que possible). Oui, j'aimerais rendre les armes face à cette petite fille qui refuse tout ce qui vient du monde végétal et se sent offensée en tant que femme et citoyenne (elle a cinq ans) si quelqu'un lui offre quelque chose lui rappelant vaguement des fruits ou des légumes, même un bonbon à la pêche (« mon fuit pféféré c'est le chocolat »).

Malheureusement, j'ai encore une conscience et me dis que le véritable défi éducatif est d'éviter de renverser le minestrone sur la tête de Lavinia (ce qui compliquerait les choses car je devrais encore nettoyer et ne pourrais pas aller chercher la *Divine Comédie* expliquée par cette grande historienne de la littérature italienne qu'est Natalino Sapegno avec les mains toutes sales).

Aucune de ces pensées ne semble jamais avoir effleuré Daniele et Elena – leur seul impératif étant que l'enfant ne se plaigne pas. Parfois, lorsque je l'observe (je sais, ce ne sont pas mes oignons), j'ai l'impression qu'il se plaint car c'est en définitive pour lui l'unique moyen d'interagir avec eux. Absents toute la journée à cause de leur travail, ils ne voient sans doute pas la gravité du problème. Pour s'investir dans l'éducation, il faut d'abord être présents et côtoyer ses propres enfants, puis consacrer du temps et de l'énergie mentale à la fatigue de dire non, supporter les caprices et encore tenir bon.

En grandissant, le fruit de toutes ces attentions est devenu franchement insupportable : je suis navrée de dire cela, mais le fils de Daniele est épouvantable. Plusieurs personnes sont assignées à son service : deux grands-mères, une école, une nounou et un entraîneur jonglent ensemble avec une élégance digne de Chris Evert car ses parents s'en séparent souvent. Ce n'est pas qu'ils ne l'aiment pas, bien au contraire. Mais ils sont tellement dépassés par le bonheur de l'avoir eu, événement extraordinaire de nos jours, qu'ils sont terrorisés à l'idée de lui procurer le moindre déplaisir.

C'est pourquoi ce jeune homme ne fait jamais les courses avec sa maman, par exemple, parce qu'on lui épargne toujours ce qui est ennuyeux et quand il doit vraiment y aller (on ne peut pas se faire couper les cheveux à sa place), les dix longues minutes pendant lesquelles il devra rester assis et immobile sont achetées au prix d'un cadeau. Mon amie coiffeuse m'a expliqué que c'est devenu normal et que cela fait la fortune du magasin de jouets d'à côté, lequel vend d'ailleurs des chinoiseries qui se cassent sur le chemin du retour, permettant ainsi d'en racheter une autre dès le lendemain. Je suis allée chez elle me faire faire un balayage accompagnée de mes deux filles. Tandis que leurs caprices me faisaient honte (pour les occuper je leur avais mis des bigoudis, du vernis et me tenais prête à céder un cinquième de mon salaire pour réparer les dommages éventuels causés par cette horde barbare), mon amie coiffeuse m'a coupé l'herbe sous le pied en m'abreuvant de compliments sur la conduite exemplaire de ces deux sujets (les appeler petites filles serait un peu trop optimiste) : au royaume des aveugles, les borgnes sont rois ! Il semblerait que, dans ce contexte de mauvaise éducation dominante, mes petites vandales soient présentables.

Comme me l'a fait remarquer cette sociologue de référence (en l'occurrence mon amie coiffeuse, qui n'a pas de bureau de statistiques mais qui voit passer des familles de toutes sortes), imposer une ligne éducative à un enfant est plus difficile s'il n'y a personne à ses côtés une grande partie du temps. J'ai parlé d'une « personne » parce que je dois avoir lu trop de mauvais journaux qui rabâchent des bêtises comme « politiques de genre », « homophobie », « égalité des sexes ». En réalité, j'aurais dû dire qu'il est difficile d'avoir une ligne éducative quand la « maman » est absente toute la journée et ne revient à la maison que le soir, fatiguée et sans désir de combattre, ayant encore beaucoup de choses à faire et très peu d'énergie à dispenser. Cela est également difficile pour un père qui rentre le soir tout aussi fatigué mais tenu de faire des choses dans la maison en hommage au très répandu partage des tâches et qui a encore moins d'énergie que la mère (laquelle serait plus douée pour certaines choses, mais cela, il ne faut pas le dire).

Dans les nombreuses analyses que j'ai lues, je n'ai pas observé de lien entre l'actuelle urgence éducative et l'entrée massive des femmes dans le monde du travail ; pourtant la coïncidence temporelle entre les deux phénomènes pourrait faire sens. J'y ai réfléchi et suis convaincue que notre système économique n'est pas à la hauteur de nos enfants. Il impose des lacérations dans les cœurs et dans les familles, il contraint de nombreuses femmes à travailler – elles qui seraient volontiers restées à la maison ne serait-ce que le temps d'une infime partie de l'enfance de leurs petits (et auraient ainsi peut-être mieux relevé le défi éducatif).

Quoi qu'il en soit, même quand ils sont présents, des parents tels que Daniele et sa femme n'utilisent jamais un ton affirmatif, mais toujours un ton interrogatif : On y va ? On mange ? On fait un dernier tour puis on rentre à la maison ? Comprendre : « Si mon programme te dérange vraiment, on peut en élaborer un autre ensemble », « Même si j'ai quarante-sept ans et que tu en as sept, nous trouverons un terrain d'entente ». C'est ce qui explique autour de nous toutes ces habitudes épouvantables qu'il faudra bien corriger. Comme la distribution de la famille moderne en voiture : le père devant, la mère derrière avec l'enfant, pour bien entériner le fait que maman et papa ne sont plus un couple, mais que l'enfant est le roi de la maison (le pauvre n'est pas capable d'affronter un choc tel qu'un voyage en voiture sans aucun contact physique avec sa mère). Comme aussi ces adultes qui poussent un landau vide d'une main tout en portant un poupon de l'autre et râlent mollement : pourquoi faire des caprices ? Pourquoi me casser les pieds en voulant sortir de ta poussette ?

« Parce que je suis un adorable égoïste », vocifère l'enfant qui ne sait pourtant pas parler. Je fais mon devoir d'être humain entièrement tourné vers la recherche du plaisir immédiat et facile, parce que je ne comprends pas autre chose ! C'est toi qui ne fais pas ton travail d'adulte : m'apprendre que le plaisir a des règles, une orientation, des temps et un dosage, afin d'être plus ordonné, plus grand et plus élevé. « Pour Noël je veux tout ce que je veux » a dit une fois mon fils, qui avait du mal à écrire sa lettre à l'Enfant Jésus. La recherche du plaisir absolu et gratuit nous guide tous, petits et grands. Les éducateurs doivent apprendre à déplacer ce plaisir vers un plan plus élevé (l'ascèse et la vie dans le Christ sont le plus grand plaisir).

Soyons claire : il n'y aurait nulle trace en moi de cette sagesse si je n'avais à mes côtés un mari faisant son devoir de père, c'est-à-dire un homme qui inflige à nos enfants la blessure de la séparation à mon égard. Si cela ne dépendait que de moi, je me ferais greffer une énorme poche kangourou et j'emmènerais mes enfants partout avec moi.

« Lavinia, pourquoi marches-tu toute seule sans faire d'histoires quand tu es avec papa, alors qu'avec moi, tu dis que tu es fatiguée et que tu veux qu'on te porte ?

— Parce que papa est plus fort. »

C'est lui qui les a expulsés de notre lit, dans lequel je les aurais gardés toute la vie avec l'excuse de les allaiter au moins jusqu'à ce qu'ils aient l'âge de passer directement au Gin Tonic. C'est lui qui a expliqué avec fermeté que ce lit appartient à papa et maman (un couple) et qu'il est interdit de venir la nuit (alors que le jour, en cachette de maman qui doit le refaire et s'énerve toujours, il peut être le terrain de jeux déchaînés).

Daniele, lui, « qui voit des gens et fait des choses » (c'est-à-dire qu'il exerce un de ces métiers créatifs qui requièrent des tee-shirts délavés et des sacs fabriqués avec de veilles ceintures de sécurité recyclées dans un pays en voie de développement) défend une ligne éducative dont le fondement est : il faut être content dans la vie. Les règles seront arbitraires car non fondées sur la Vérité.

Son discours pourrait tenir. Il n'y a pas grand chose à rajouter : je m'autodétermine et tant que je vais bien, où est le problème ? Mais ce n'est pas comme ça que ça marche. Le problème est qu'on ne peut pas être heureux ainsi.

D'abord parce qu'à la base, une toute petite, négligeable information a disparu de l'écran radar : la mort, cette grande absente, existe réellement et elle se rapproche toujours plus à chacune de nos respirations. La mort et les petites morts quotidiennes : la fatigue, la frustration, l'erreur. Il y en a Un qui l'a vaincue et qui nous a donné la possibilité d'être sauvés et de devenir enfants de Dieu, pari qui vaut la peine d'être tenu par tous. Pourquoi ne pas miser sur Dieu et non pas sur l'objectif cent pour cent satisfaction pour cette vie qui commence ici mais qui est éternelle ? Si Jésus Christ nous a sauvés de la mort, toute mort quotidienne, toute fatigue, toute souffrance est sauvée.

Nous ne pouvons pas dire que nous, chrétiens, recherchons la mort ; bien au contraire. Personnellement, je la fuis à toutes jambes : je reste assez vague sur le sujet, je me cache sous le canapé ou regarde ailleurs. Mais quand elle frappe, ce n'est jamais la fin, parce que la fin n'est pas ici-bas.

Il est évident que la souffrance a également un sens (il doit aussi y avoir un sens caché à la cellulite, sauf que ça m'échappe : si c'était pour nous apprendre que nous sommes mortelles et destinées à redevenir poussière, ce n'était pas nécessaire, les rides suffisent, ainsi que les cheveux ternes et toutes les catastrophes naturelles qui nous affligent). La souffrance, la vraie, nous rappelle notre contingence et nous oblige à ne pas perdre de vue notre destination. Si l'on ne va nulle part et puisqu'il n'existe aucun endroit où aller sauf celui qui est ici et maintenant (et comme il est difficile de se déplacer dans le monde sans une carte !), alors « ne pas mécontenter » devient le premier commandement du parent. « Mécontenter très peu et seulement quand c'est vraiment nécessaire » devient le deuxième. J'ai été moi-même enfant et me souviens avoir été surprise et incrédule que la vie puisse se révéler étonnamment difficile et compliquée, alors même que l'éternité lui donne tout son sens. Je suis par exemple le fruit d'une éducation d'un tout autre style, et quand je suis devenue maman j'ai appris tristement que la vie quotidienne pouvait être impossible, même en partant du niveau débutant (c'est-à-dire avec un coefficient de difficulté niveau un). Je m'explique : à part les vraies croix, même quand tout va bien, qui ne connaît pas, par exemple, l'axiome de la copropriété ? En abscisse, vous avez le temps de cuisson du repas, et en ordonnée le remplissage de la baignoire pour le bain du petit dernier. Eh bien, la voisine frappe à la porte pour nous convoquer à la réunion de copropriété au moment exact où les deux courbes se rejoignent, de sorte que, pendant qu'elle s'explique sur le calcul de ceux qui votent contre le carrelage de la terrasse, la baignoire puisse déborder et les vermicelles carboniser. Tout le monde sait pertinemment ceci : même quand nous n'avons pas de problèmes sérieux, il existe beaucoup d'autres lois physiques qui agrémentent notre vie (la batterie à plat, le sac de courses qui se biodégrade à l'improviste – exactement au milieu du passage piétons – ou encore l'implacable loi de la fièvre du vendredi soir, seize minutes avant la fermeture du cabinet du pédiatre).

La prise en compte du réel, même quand il est difficile et fatigant, est un rempart : il nous préserve, nous soutient et évite les erreurs de boussole (avez-vous déjà essayé d'utiliser la petite sainte Thérèse comme GPS en voiture ? Cela ne fonctionne pas, mais on prie beaucoup et donc on arrive à destination de très bonne humeur). Tous, quelle que soit notre vocation, nous devons obéir à quelqu'un (et si par hasard nous nous sentons le roi du monde, nous devons au moins rendre compte à Dieu directement, ne serait-ce que pour des raisons d'ancienneté).

L'obéissance première s'apprend à la maison. Les enfants obéissent à leur père, puis ils découvrent qui est le vrai Père, auquel la figure terrestre nous renvoie avec nostalgie. La ligne éducative actuellement en vigueur semble en revanche allergique au concept d'obéissance : « Les enfants sont comme des adultes plus petits : ne les obligez pas, ne les bloquez pas. »

Chez moi, les enfants ne sont pas du tout comme des adultes. D'abord, ils sont plus nombreux et puis ils sont d'un autre type.

Imaginons que nous devions prendre une destination en voiture. Un adulte décide de l'endroit où il souhaite se rendre, monte en voiture (en supposant qu'il se souvienne de l'endroit où il l'a garée), puis il part. D'accord, il revient chercher ses lunettes de soleil (il les avait sur le nez), puis il repart, enfin. Avec les enfants, c'est autre chose. Il y a déjà une longue discussion autour du lieu d'arrivée. Une fois par mois, les quatre enfants tombent d'accord, mais la plupart du temps, il y a toujours un récalcitrant qui fait de l'obstruction passive : il a de graves urgences physiologiques, il veut emporter ce livre auquel il tient tant (il est englouti sous trois kilos de pièces de domino), il a soif, il a mis sa chaussure droite sur le pied gauche, il lui faut un pansement, il a perdu quatre boutons à sa chemise – probablement lorsqu'il a attaché son frère à une chaise avec (pour l'obliger à lui révéler qui a tué le vieux Frank Lo Zoppo à Cuba en 1962). Et pendant que la mère – consciente qu'il y a un seuil sous lequel on ne peut sortir en public si l'on veut conserver une note *Standard and Poor's* à peu près décente, au moins un A simple – remplace la chemise, ceux qui sont contents de prendre la route se ruent hors de la maison et la génitrice risque l'infarctus à l'idée qu'ils quittent le trottoir. Une fois à la voiture, l'exténuante guerre des sièges commence : « Qui va devant ? », « Tu es petite et il y a l'airbag », « Maman, il m'a dit que je suis petite, alors je vais au deuxième rang et je choisis la musique », « Moi je veux les chansons de Barbie », « Moi je veux Pearl Jam ». Un scénariste de Walt Disney y décèlerait sûrement un aspect absolument édifiant du point de vue moral – quelque chose comme se préparer à la lutte pour la vie – et même si dans mon cœur je voudrais prononcer un sermon convaincant sur la nécessité de s'aimer les uns les autres, je ne peux que proférer de lâches menaces et des allusions au fait qu'un certain cadeau risque de ne plus arriver si ça continue. Dans tous les cas, à la fin, je hurle et l'ordre est rétabli.

Ceux qui disent : « Ne les entravez pas ! » me laissent perplexe ; moi j'entrave, et plutôt deux fois qu'une ! Je déchire des pages de devoirs mal faits, et *bis repetita*. Si un dessin est laid parce qu'il a été réalisé sans application, je le dis et suis prête à me défendre si on me dénonce aux services sociaux. Je dis que ce n'est pas terrible ; je ne simule pas de petits cris d'enthousiasme. Je crois avoir inoculé chez mes enfants un sain réalisme... Enfin pas trop, j'espère. Bernardo est rentré un jour à la maison avec une médaille, en disant qu'il l'avait reçue parce qu'elle était en surplus (ce qui était vrai).

Je n'ai pas encore compris si beaucoup de parents croient vraiment que leurs enfants sont de petits adultes qu'ils doivent laisser libres, ou s'il s'agit plutôt de paresse de leur part. Avant, la discipline découlait de la peur, mais de nos jours, plus aucun enfant ne craint sérieusement ses parents et les maîtriser devient plus fatigant. On peut décider d'économiser son énergie, mais alors ils feront de même. Et, ma foi, les enfants ont besoin de tout sauf d'une invitation à en faire le moins possible : Bernardo a exprimé le désir de partir à la retraite dès la fin de sa première année de maternelle, même s'il a finalement accepté de poursuivre sa carrière scolaire (« Tu aimes aller à l'école ? » « Disons que je me laisse traîner »). Quant à Lavinia, surnommée Brancard pour sa propension légendaire à s'allonger n'importe où, n'en parlons même pas.

Je m'en prends à mon pauvre ami Daniele, parce que c'est surtout au père qu'il incombe le rôle d'imposer les règles aux enfants, alors que la mère console, cajole et accueille. Je dois admettre toutefois qu'il est d'une excellente compagnie !

Où que l'on regarde, on voit des pères maternels, aux petits soins, qui n'ont pas le courage (ou l'envie, la force ou la conscience) de hausser le ton et des parents interchangeables. Qui sait si l'absence fréquente de la maman n'a pas contribué à la diffusion de ce phénomène. Pour sûr, la féminisation de la figure paternelle est une tendance tellement à la mode et tellement érigée en dogme que les maîtresses de maternelle catéchisent et grondent les papas qui ne changent pas les couches… s'il en reste. En revanche, jamais personne ne s'en prend aux pères parce qu'ils ne font pas leur travail de père, parce qu'ils ne se préoccupent pas de discipline ou parce qu'ils ne savent pas dire à leurs enfants pourquoi ils sont sur terre. Si les pères n'apprennent pas aux enfants le sens de l'effort, ils ne peuvent renvoyer au Père céleste qui lui seul est créateur de sens.

À Daniele je voudrais donc offrir le regard de glace de Lee Marvin, qui dans *The Dirty Dozen* a réussi à dompter douze détenus américains pour les transformer en soldats. Il les a mis au pas d'une main de fer et, le plus important, il les a conduits à la victoire finale : ils ont accompli une mission impossible et ont appris le sens du sacrifice. En récompense, ils ont pu dire adieu à la prison. C'est à cela qu'un père et sa discipline servent : échapper à notre esclavage, pour devenir enfin des hommes libres.

Cette maison...

Cher Daniele,

Si tu aimes ton fils, apprends à lui dire non. Courage, essaie une fois et tu verras qu'une fois le caprice passé, il sera plus calme et plus serein. Et ce sera chaque fois moins difficile. Il saura qu'il a un père et cela apaisera ses peurs.

Ne fais pas le lâche et ne laisse pas ce rôle à sa maman ; même si elle essaie de temps à autre. Ce sera fatigant au début, impensable pour toi, un peu comme s'il fallait céder ta collection de figurines Panini de 1979 à aujourd'hui. Mais tu verras, tu peux y arriver.

P.S : Et je t'en prie, l'alimentation biologique, basta. Quand ton fils est venu chez moi, il s'est empiffré de cochonneries, comme s'il était à jeun depuis des mois. Halte au tofu !

Le problème de l'amour souvent confondu avec une gastrite

ou L'amour n'est pas seulement une émotion

S'il y a bien une chose qui me rend malade (à l'exception de la vue d'un scorpion) dans mon activité assidue de prédicatrice non sollicitée, c'est de m'apercevoir que j'ai blessé quelqu'un, ou plutôt quelqu'une – les destinataires de mes persécutions téléphoniques gorgées de conseils très tranchés étant presque toujours des femmes (si un homme a des problèmes, tu peux lui donner une petite tape sur l'épaule ou lui proposer une bière, mais guère plus, car parler ne fera qu'empirer les choses). Je sais qu'il m'arrive d'être blessante (je procède de manière toujours trop expéditive et je suis délicate comme un camion dans une ruelle médiévale). Quand j'argumente, je perçois uniquement l'urgence de faire profiter le monde entier de mon expérience – et ce rapidement – au lieu d'activer la prudente fonction « Pense avant de parler et prie avant de penser ». Il faut trop de temps pour faire cela et je suis toujours pressée. Quand tu es en train de sauver le monde, le temps ne suffit pas.

Il m'est ainsi arrivé de frapper trop fort, de porter des jugements bien peu miséricordieux, de fixer des objectifs trop élevés et d'oublier de dire à quel point il était fatigant pour tous, et donc pour moi aussi, de vivre de manière cohérente. Serait-ce mon éducation prussienne, le côté colonel hérité de mon grand-père (sa devise était « face au mur, trois pas en avant »), ou alors le respect du principe anglo-saxon *never complain* (bien que j'*always explain* et même trop), ou mieux, le principe franciscain de la joie parfaite ? Quoi qu'il en soit, ni la fatigue, ni le découragement, ni le doute, et encore moins le désir qui me vient parfois de reposer ma cervelle et de me laisser aller à un sommeil voluptueux et sans rêves, ne sont pour moi des thèmes de prédilection.

C'est vrai, je donne parfois l'impression de me préparer à un casting pour le rôle de Miss Brightside (ils ne me prendraient jamais, j'ai les dents tordues et je ne peux pas sourire devant les caméras), mais je sais que nos vies à tous sont éreintantes et pleines de doutes. Quand j'ai demandé à l'une de mes amies (une véritable icône : épouse exemplaire, génitrice de sept enfants et rien de moins qu'architecte) à quel moment elle avait été sûre que son mari était le bon, elle m'a répondu : « jamais ». Elle n'a jamais été certaine qu'il soit le bon, même après cette ribambelle d'enfants et environ vingt-cinq années de vie commune apparemment très heureuses. Elle ne l'a pas été non plus dans les moments de crise qui, soyons clairs, arrivent à tous. Bref, l'amour est un magma : jamais immobile ni de tout repos. Et bien que la personne parfaitement adéquate n'existe pas – tout simplement – nous voulons à tout prix y croire : succomber à l'illusion de la baguette magique et de la solution immédiate et sans effort (illusion à laquelle je crois fermement et à laquelle je dois la grande armoire pleine de crèmes dans ma salle de bain) nous plaît. Certes, il y a une personne avec laquelle les choses fonctionnent à peu près, mais cela part toujours d'une décision libre et d'un choix volontaire. Dieu n'est pas un sadique accoudé à la fenêtre, cherchant à voir si par hasard on va s'aveugler puis se tromper. Et d'ailleurs tu peux te tromper mais Dieu, lui, ne se trompe pas : une fois qu'il a béni cette union, il saura quoi en faire, crois-moi.

C'est encore le cas pour beaucoup d'entre nous. Les histoires se tissent toujours autour nos fragilités : elles commencent boiteuses et bancales, puis elles s'améliorent petit à petit, avec les années. Enfin, quand le vin est épuisé, à l'instar des noces de Cana, un vin nouveau peut apparaître si Jésus-Christ fait partie des convives et la fête reprend (George Clooney sonne rarement à la porte et tu as rarement la possibilité de lui dire «*No Martini, no party*». En tout cas, cela ne m'est jamais arrivé à moi, mais sans doute ne l'ai-je pas entendu, car je chantais à tue-tête *Roadhouse blues* avec mes filles).

Gabriella, lorsque ton mari s'endort sur le canapé

alors que tu voudrais lui parler de vous, je sais bien que cela te chagrine beaucoup. Oui, tu t'es traînée péniblement depuis le matin. Au travail, tu as arrondi les angles et évité les balles (tu as reçu des piques et trouvé des réparties fulgurantes au moins trois heures plus tard). À la maison, tu as calmé les caprices et les disputes, puis au supermarché tu as conquis une place à la caisse, celle qui miraculeusement avançait le plus vite, puis tu t'es souvenue avoir oublié la farine (la raison pour laquelle tu étais sortie) alors tu es partie à la chasse et donc tu as perdu ta place. Tu es rentrée à la maison à pied, avec l'étrange sensation qu'il te manquait quelque chose… et ce quelque chose en question, c'était la voiture garée en double file. Tu t'es alors demandée s'il fallait aller la chercher ou la laisser à la fourrière (direction la casse) pour pouvoir faire cuire les pâtes. Tu ne sais plus trop comment, mais finalement, tu as récupéré ce tacot et trouvé des choses à mettre dans les assiettes. Il te reste toutefois les devoirs des grands à corriger, les bulbes expérimentaux de l'école maternelle à arroser et tes ferments lactiques à prendre pour la digestion. Cela dit, tu saurais très bien comment faire pour digérer : il suffirait de t'asseoir de temps en temps pour manger, mais c'est chose impossible. Tu as même demandé au médecin de te prescrire des substances illégales en te moquant éperdument des dégâts qu'elles pourraient causer à ta santé car de toute façon, à ce rythme, tu vas bientôt mourir.

Je sais pertinemment tout cela, Gabriella, (cela me rappelle vaguement quelque chose) et je comprends bien que de temps en temps une épaule sur laquelle pleurer n'est pas trop, parce qu'au travail tu as le charisme d'un sac de tri sélectif, qu'avec les enfants tu as l'impression de n'aboutir à rien et que ta maison tombe en ruines (ne plus acheter *Côté Maison*, cela donne des complexes). Mais tu oublies qu'un mari n'est ni un plan de travail, ni un pilier, ni un coussin, ni même un ami et encore moins un père. Tu ne dois pas te décharger sur lui, pour une très longue série de raisons. D'une part, parce que sa réponse te blessera : au beau milieu de ton épanchement, il te dira un truc du style « Tu as vraiment oublié la voiture en double file ? » ou bien « Mais ça intéresse qui, les bulbes ? » Alors que toi, tu es terrorisée à l'idée de délaisser le petit dernier et tu es sûre que les mamans au foyer ont acheté une jacinthe déjà fleurie, juste pour te culpabiliser, toi qui est une mère (trop) multi- et (pas assez) tâches. Toutes ces remarques pourraient être très pertinentes, mais en fait, tu voudrais seulement qu'il puisse t'écouter en étant bien concentré, sans t'interrompre, voire qu'il te regarde et même en exagérant, qu'il te demande : « Tu as ressenti quoi à ce moment-là ? » (science-fiction). Tu voudrais lui en mettre plein les yeux et l'entendre dire que tu es, sans conteste, la meilleure femme de toute la planète. Oublie. Ce ne serait pas ton mari – mais dans le cas improbable où un mari est en train de lire ces lignes, qu'il sache que c'est cela que nous voulons entendre. Tant que j'y suis : nous sommes excessivement jalouses de toutes les femmes avec lesquelles pourrait apparaître une once de compétition et vous devriez éviter d'en parler en trop bons termes, à moins qu'elles ne concourent dans une autre catégorie (dire du bien de la championne mondiale de canoë ou d'une brodeuse de dentelle aux fuseaux est toléré).

En outre, un homme, comme on le sait, ne traite qu'un seul problème à la fois et pour le résoudre de façon concrète. Par exemple, il te dégotera un service de livraison à domicile (numéro recherché pendant que tu parlais) et il ajoutera certainement une remarque pleine de sens sur le fait que ne pouvant aller à la fête du catéchisme avec un dessert acheté tout fait, la farine est un ingrédient-clef dans ta course à la « Mère poule attitude » (mais sachez que je suis une dégénérée qui se présente, le cas échéant, avec un paquet géant de fraises tagadas et qui gagne le mépris des femmes adultes, mais l'admiration impérissable de tous les moins de dix ans). Ou bien il te suggèrera d'autres façons de t'organiser, pratiques et intelligentes et malheureusement presque toutes justes, pour diminuer le nombre de choses à faire, mais toi, tu ne veux rien réduire du tout (tu es perfectionniste) et tout garder sous contrôle (pour pouvoir te plaindre ensuite).

Enfin, il faut dire que pour les hommes, la parole ne sert pas à décortiquer et à résoudre les problèmes. Ils n'affronteront nos marathons d'introspection que sous la menace d'une arme à feu. Et s'ils le font (contre leur gré donc), tu verras une ride de souffrance se former au milieu de leur front, celle-là même qui apparaît quand ils évoquent la tristement célèbre finale de la coupe du monde perdue il y a longtemps aux tirs au but.

Mode d'emploi : appelle une amie qui t'aime bien, qui a de la patience et défoule-toi. Une fois libérée, réfléchis à froid : « Est-ce que j'ai vraiment des problèmes ou est-ce seulement de la fatigue ? » Fais preuve de créativité et d'imagination : invente de nouveaux ajustements, ose, lance-toi, prends des vacances, déserte sur un front ou demande de l'aide. Et dès que possible, mets-toi à prier. Ce serait bien de le faire avant toute autre chose : avant de téléphoner, de penser ou de parler, mais on sait bien qu'une super maman multi-tâches ne prie pas quand il faut mais quand elle peut. Dans ces cas-là ma prière préférée reste le chapelet. D'abord, la répétition calme l'esprit affolé et angoissé, et puis la Sainte Vierge est ta maman : personne ne peut déposer tes demandes devant le Père comme elle le fait (moi aussi, je suis l'avocate de mes enfants et c'est moi qui présente leurs demandes à leur papa). En plus, c'est une femme et il y a des choses qui se discutent plus facilement entre femmes.

Après cela te voici prête à accueillir toute l'aide dont ton mari est capable. Il peut t'aider à résoudre un problème, en te proposant avec calme des solutions concrètes : travailler à temps partiel si vous pouvez vous le permettre, ou embaucher quelqu'un pour te soulager à la maison. Il peut te prendre dans ses bras pour que tu somnoles en silence dans le creux de son épaule. Tu peux lui demander une chose précise et claire, par exemple aller chercher le grand au basket deux fois par semaine. Laisse-le être simplement lui et non pas tout ce qui t'est utile.

La voracité insatiable et le besoin compulsif d'être aimée sont certainement beaucoup plus forts chez la femme que chez l'homme. Ce besoin mystérieux et jamais pleinement satisfait est le signe de la faiblesse et de la fragilité de la femme. C'est aussi sa richesse, parce que cette vulnérabilité est le signe d'une disponibilité majeure à répondre « Me voici », comme le fit Marie, notre modèle. Une fragilité qui peut se transformer en un accueil généreux. Nous manquons presque toutes de confiance en nous, même celles qui ne le montrent pas (eh oui, même les amazones, les guerrières et celles qui font la loi dans ton bureau) et il n'y a qu'un seul moyen d'étancher cette soif d'amour : nous ouvrir à Dieu, le seul qui comble toutes nos attentes et nos désirs les plus profonds.

Tu ne peux prétendre tout attendre de ton mari et donc, lorsque celui-ci te déçoit (et qui ne te décevrait pas avec des attentes aussi élevées ?), trouve le temps de faire le point avec Dieu, pour lui dire ce qui t'a manqué et ton désir de le servir à travers ton mari. Il équilibrera tous les comptes et te le rendra au centuple : ce que tu donneras dans le secret, cette chose qui n'a reçu aucun merci, dont personne ne s'est aperçue, pas même ton mari, Dieu, lui, l'aura vu.

Je connais des femmes qui résolvent les problèmes de cette façon-là, quand leur mari pèche gravement par son absence, sa distance, son égoïsme effréné, voire par ses tromperies. Tu peux y arriver à plus forte raison que tu n'as peut-être pas de choses très graves à reprocher au tien, juste de petites blessures récurrentes dues à des attentes jamais satisfaites.

Quand tu commences ton déluge de plaintes, pense à une averse (et quand tu veux pleuvoir chère amie, tu « pleux » bien !), et imagine-toi dans une voiture : ton pare-brise est tellement plein d'eau, que tu ne vois rien. Voilà, ton mari est comme l'essuie-glace qui balaie tes plaintes. Le balai va et vient, en faisant un travail apparemment peu créatif, mais sans lui, il faudrait que tu t'arrêtes. Tu dois reconnaître que ton mari te propose des solutions pratiques, qu'il t'aide beaucoup et que quand il faut dire « basta ! », il le dit. Il ne se laisse pas envahir par tes accès de pessimisme cosmique. Et lorsqu'il est vraiment avec toi, sans regarder en même temps l'écran qui se trouve derrière, l'i-quelque chose, le journal ou le mur qui a besoin d'un coup de blanc et qu'il t'écoute de tout son être pendant une demi-heure (dans ton référentiel), c'est comme si c'était un mois pour lui, alors fais des réserves.

À ce propos, pourquoi ne lui offres-tu pas de nouveaux essuie-glaces, puisque les siens sont abîmés ? Tu pourrais parfois taper dans le mille en lui achetant quelque chose de vraiment utile. Tu lui dirais ainsi qu'il t'est indispensable. Et de ton côté, reconnais que s'il n'était pas là, tu serais perdue.

Tu vois les cartographes chinois de Borges, qui travaillent à l'échelle 1 ? Eh bien nous, les femmes, nous dessinons les cartes à l'échelle 2 : la réalité, avec en plus tous les détails. Nous ne nous contentons pas de vivre, nous faisons aussi la chronique télé. Mais dans ces cartes qui sont deux fois plus grandes que la réalité, nous pouvons finir par nous perdre. En revanche, l'homme, en réduisant, en simplifiant et en adoptant une échelle au 1/10, coupe, taille et tranche, parfois douloureusement et quelquefois de façon incompréhensible pour nous.

Cela n'est pas seulement valable pour Gabriella : se lasser et commencer à douter tôt ou tard de notre choix « du bon » est presque obligatoire dans tout mariage heureux qui se respecte. « Si l'on peut divorcer pour incompatibilité de caractère, dit Chesterton, je me demande pourquoi nous n'avons pas tous divorcé. J'ai connu beaucoup de mariages heureux mais pas un seul compatible. Tout le sens du mariage réside dans le fait de lutter et d'aller au-delà du moment où l'incompatibilité devient évidente. Parce qu'un homme et une femme en tant que tels sont incompatibles. »

Mon père spirituel, très fin connaisseur de l'âme humaine, soutient que l'équivoque entre un homme et une femme vient du fait que nous croyons parler la même langue (ce n'est que superficiel). En réalité, nos langages sont différents et la mystification vient de leur apparente similarité, comme l'italien et l'espagnol par exemple : tu ajoutes un « s » à la fin, tu rallonges un peu les mots et en quelque sorte tu finis par te débrouiller, car tu comprends au moins les fondamentaux (« Enchantée, tu es marié ? », « Tu veux avoir combien d'enfants ? »). Toutefois, les langues masculine et féminine sont aussi proches que l'italien du cantonnais, lequel est un idiome très compliqué car le ton détermine aussi la signification du mot (le cantonnais serait ainsi, évidemment, la langue des femmes). Un homme ne pourra jamais comprendre une femme, il pourra seulement l'apprendre.

Cela vaut pour les besoins les plus profonds – ce qui parfois est source de grande douleur – mais aussi pour les petites incertitudes : pendant une conversation, l'homme ne peut jamais être complètement détendu. Tout ce qu'il dit pourra être utilisé contre lui et sera interprété selon l'humeur de la destinataire. Certains jours un innocent : « Comme tu es bien maquillée ! » sera traduit en : « Tu veux dire que sans maquillage, je suis moche ? »

Mon mari a bien compris cela et quand je lui demande : « Comment tu me trouves ? », il ne se retourne même plus pour me regarder. Il économise de l'énergie. Il part en automatique et fait une remarque d'ensemble sur mon extraordinaire minceur. Peu importe si je viens d'accoucher et que tout le monde peut admirer mon ventre encore rebondi, peu importe si je porte une espèce de serpillère sur la tête parce que j'arrange ma coupe de cheveux toute seule. Je suis tout à fait disposée à le croire, la vérité ne m'intéresse pas du tout.

Cependant, il lui arrive d'avoir un instant de distraction – assez facilement – et de me répondre avec sincérité des choses terribles comme : « Tu n'es pas mal, tu es juste un peu pâlotte » ou « Ce jean ne te va pas ». Je sais néanmoins que je dois cela au handicap d'hypocrisie dont les hommes sont atteints : ils sont incapables de proférer facilement ces demi-mensonges qui rendent notre vie sociale si intéressante à partir de la deuxième année d'école, quand nous nous sentons obligées de dire à une maman que son tee-shirt, tout à fait normal soit dit en passant, est très beau, uniquement pour nous en faire une copine. Ne parlons pas des sombres intrigues que la starlette de la classe peut tramer au collège. Je dois avouer que l'autre jour, devant la maternelle, j'ai invité mes filles à résoudre leur controverse de façon virile : comme tout le monde le sait, les garçons se donnent quatre coups de pied, deux coups de poings dans le dos et puis, pendant qu'ils se relèvent en secouant la poussière de leur tee-shirt, se mettent déjà d'accord sur l'heure de leur partie de foot de l'après-midi. Pas de psychodrame, pas de crise d'hystérie. Pour la petite histoire, les autres mamans n'ont pas relevé les légères conséquences pratiques de mon appel (allez les filles, bagarrez-vous !). Les petites filles, puis les jeunes filles et enfin les femmes sont capables de perfidies, d'astuces, de malices et de fausseté, avec lesquelles elles compliquent inutilement leur vie et celle des autres.

C'est pourquoi, lorsque je dis à mon exemplaire masculin : « C'est difficile de se comprendre ! » et qu'il me répond « Qu'est-ce que tu n'as pas compris exactement ? », je ne me vexe pas. Je ne suis pas certaine que mon mari se fatigue beaucoup pour traduire le cantonais du matin au soir : je pense qu'il a sagement renoncé à me comprendre, mais qu'il a appris à vivre avec moi.

Les hommes et les femmes parlent différemment parce qu'ils sont tous appelés à devenir pères et mères, même si ce n'est pas de manière biologique : tous les hommes et toutes les femmes, à l'âge de la maturité, donnent leur vie pour quelqu'un.

Le langage féminin permet à la femme de devenir mère : elle est programmée pour comprendre les tout-petits et c'est pour cette raison qu'elle est émotive, intuitive et qu'elle peut tout expliquer par des symboles et des analogies. Elle a une sorte de radar interne très efficace sans cesse actif car c'est une structure constitutive de son génie particulier. Et en effet, celles qui nient leur propre émotivité, comme cela arrive souvent chez les femmes de pouvoir par exemple, deviennent excessivement dures : c'est parce qu'elles luttent contre leur nature la plus profonde.

L'homme est au contraire dépourvu de ce radar ; des dessins ou des panneaux explicatifs sont parfois bien utiles pour lui faire comprendre les choses. En échange, il va droit au but.

Je dois à ce propos lancer un appel à ma collègue Valentina et à presque toutes mes amies : les filles, les paroles de l'homme ne doivent être soumises à aucune interprétation. Il dit ce qu'il veut dire et c'est tout. Pas une syllabe de plus ou de moins. Si vous tentez de décoder, vous le vexez, vous le dérangez et vous l'énervez. « J'apprends à te connaître et tu me plais » signifie que vous lui plaisez. Pas « Avant de te dire que tu me plais, je veux mieux te connaître ». Et cela ne veut pas dire non plus : « Je suis en train de me demander si je dois te quitter ou non » et encore moins « Je te compare à mon ex, mais je suis encore en train de rassembler des éléments ». Entre nous, l'escalade pessimiste est la seule spécialité olympique dans laquelle les femmes devancent les hommes. Mais pourquoi faut-il que nous soyons si têtues ? Pourquoi pensons-nous savoir ce qu'il veut dire ? En revanche, Roberta, comment as-tu pu imaginer avec celui d'avant, que : « Je veux être seul » ait pu signifier : « Je t'aime infiniment » ? Tu lis sur ses lèvres : il-veut-être-seul !

La première fois que j'ai invité mon futur mari à la maison, je lui ai demandé ce qu'il voulait pour dîner. Il se fichait un peu du menu (je crois qu'il avait un faible pour moi mais il continue à le nier : après quinze ans passés ensemble et quatre enfants, il reste prudent), et il m'a demandé une omelette, suspectant vaguement que je n'étais pas une flèche en cuisine. Je n'avais évidemment jamais tenu un œuf dans la main. J'ai donc téléphoné à maman, étudié des livres de cuisine, lu le guide des meilleurs restaurants et j'ai compris qu'une omelette se faisait en battant des œufs (sans la coquille) avec du sel. Alors j'ai pensé qu'une omelette ne serait pas suffisante et tant qu'à apprendre, il valait mieux apprendre la version extra luxe. Mon mari soutient que je lui ai servi une chose bizarre, haute de quatre centimètres et pleine de légumes à moitié crus. Ce faisant, j'ai inauguré ma carrière d'interprète, presque toujours à contresens de ce que veut dire mon mari.

Chercher à deviner les désirs d'un homme est une mission quasi impossible. Il ne s'agit pas de deviner, mais de connaître. Demander, s'informer, savoir quel type d'ordinateur il veut et mener un interrogatoire serré auprès du collègue binoclard. Lui prendre la version la plus puissante et la plus accessoirisée, celle qu'il ne s'achèterait jamais par sens des responsabilités. Bien garder en tête que les détails qui l'intéressent ne sont pas ceux qui vous semblent importants (après avoir écrit un livre entier avec un engin dont la touche Suppr était cassée, mon mari m'a obligée à en acheter un nouveau et il m'a demandé : « Comment le veux-tu ? » J'ai répondu « Rose », et je n'ai plus jamais été consultée sur le sujet).

Au contraire, en matière de cadeaux, la femme aime que ses désirs soient devinés. Elle voudrait quelque chose qui ait été réfléchi, très réfléchi (bien qu'un sac Birkin acheté sur un coup de tête fasse toujours plaisir) parce qu'elle rêve de symbiose, alors que l'homme veut la liberté, dans son acception élastique : je m'éloigne et je reviens, puis je repars.

Pour toutes ces petites, grandes, ridicules et tragiques difficultés de compréhension, j'aimerais insérer dans chaque volume de ce livre un bon pour un séjour gratuit chez mon amie Emmanuela : chaque lecteur devrait y faire un stage de trois jours, pour apprendre auprès d'elle, qui l'éprouva douloureusement, à quel point il est fatigant de se trouver l'un l'autre, même si l'on est vraiment convaincu du choix qui a été fait, même si toutes les bases sont en règle, même si on a toutes les options (un horizon commun, le partage des choses importantes ou l'aisance matérielle). Raconte ce que tu m'as raconté, Emmanuela... Les soirs où tu t'es endormie en pleurant, en espérant qu'il s'en rendrait compte, en espérant qu'il comprendrait, tous les oui que tu lui avais dits dans la journée et que tu pensais avoir jetés au vent. Les fois où tu t'es sentie (et où tu te sens toujours) mal, après toutes ces années, bien que les blessures qui se rouvrent soient de moins en moins profondes, un peu comme des cicatrices en voie de guérison dont la croûte, une fois arrachée, se reforme ensuite plus fine et moins étendue. Tu dis que c'est moins douloureux qu'au début de votre mariage, quand la déception était parfois intolérable et que tu restais avec lui seulement parce que tu l'avais promis à Dieu. Raconte toutes les fois où tu as dû implorer ton mari pour qu'il intervienne auprès des enfants qui commençaient à grandir, comme si la chose ne le concernait pas. Parle des fois où il n'a pas tenu compte de ce que tu désirais : solitude, repos, ou soutien, par exemple, quand ils t'ont mis à la porte de ton travail (tu avais eu un peu trop d'enfants) et que tu avais l'impression qu'il ne comprenait pas à quel point c'était important pour toi. Tu le soupçonnais même de jouer un peu contre toi, parce qu'il aurait au fond aimé t'avoir plus à la maison (comme tu le sais, nos avis diffèrent sur ce sujet : moi, dans vos conditions économiques, je me serais passée du travail, mais tu as peut-être raison). Cependant, il ne s'est jamais aperçu de tout cela, car tu restes pour lui un mystère. Une jeune femme particulièrement désirable (pour tout dire, un peu toquée et certainement hypersensible) dont il désire un accueil total et dans les méandres mystérieux dans lesquels il ne sait pas s'il a vraiment envie de s'immiscer. Comme il est le modèle de base de l'être humain, il serait sûr de s'y perdre, parce que ce modèle de base n'a justement pas le navigateur de série. Ton mari est certes possiblement privé d'instruments sophistiqués, parfois d'amortisseurs, voire même de direction assistée, il procède peut-être de manière un peu brusque et un peu expéditive, il roule parfois sur les bosses sans même s'en rendre compte, mais il est là. Il t'est fidèle, il t'aime, il se démène pour toi et pour les enfants, il prend soin de vous du mieux qu'il peut et, admettons-le, il aurait aussi besoin quelquefois d'une femme sage et équilibrée, alors que tu te comportes en petite fille de cinq ans (parce que tu fais des efforts, car l'âge moyen de la femme, dit mon père spirituel, est communément de trois ans en termes de fragilité et de sensibilité). Un homme devrait toujours être prêt à prendre son épouse dans ses bras, même après avoir parlé avec son chef, même s'il est fatigué et qu'il n'est plus là pour personne.

Je dois absolument dire maintenant la chose la plus importante, la plus bouleversante et la plus explosive que j'ai apprise sur l'amour. La chose que je voudrais me tatouer sur le dos de la main pour pouvoir la lire des centaines de fois par jour et essayer de l'apprendre par cœur : l'amour vrai se situe au-delà de l'intention. Il existe et dure quand il dépasse la désillusion réciproque qui survient forcément lorsqu'on comprend que la symbiose facile et spontanée n'existe pas, sinon dans les films. Passée la période de conquête et de séduction, l'entente parfaite est absente d'une réalité faite de fatigue, de bouillies, d'emprunts, d'enfants adolescents, de rides et de petites idiosyncrasies.

Quand tu fais tout pour être belle et qu'il fait tout pour être noble, acceptant alors presque la mort de l'amour dans sa signification habituelle en Occident et que tu fais une croix sur les papillons dans le ventre, les violons, les battements de cœur et une réciprocité facile et spontanée, quand tu acceptes de mourir à tout ce que tu désirais ou croyais désirer, à tes attentes et à tes projets, quand tu acceptes de le faire chaque jour et de porter cette blessure toujours ouverte, de travailler sur tes défauts (la femme sur sa volonté de domination, l'homme sur son égoïsme) sans attendre que quelqu'un le reconnaisse, alors, presque par hasard, le mari et la femme qui décident de faire ensemble ce travail immanent (et souvent la décision n'est pas simultanée) peuvent s'aimer au-delà de leurs propres intentions.

C'est alors la rencontre entre deux personnes qui essaient d'être belles et nobles et qui ont renoncé à se dominer l'une l'autre ou à adopter des tactiques. Deux personnes qui, d'ailleurs, ne se livrent pas totalement l'une à l'autre et qui ne se soutiennent pas dans leur mauvais côté, comme Érec, dans le récit de Chrétien de Troyes, qui gagne la princesse Énide au cours d'un tournoi et renonce à guerroyer pour lui faire plaisir et jouir sans interruption de son amour, pour s'entendre dire peu de temps après : « C'était mieux quand tu ne m'écoutais pas. » En effet, si l'homme perd sa noblesse, la femme finit par le détruire.

Ce type d'amour, celui qui existe au-delà de l'intention, est d'une grandeur peu romantique et sans l'ardeur exaltée souvent rêvée. En revanche, c'est, comme le dit Denis de Rougemont, la folie quotidienne la plus sobre, c'est-à-dire une application patiente et tendre de la fidélité, observée parce que l'on s'est engagés et parce que, avec le non-conformisme le plus profond, on ne croit pas que la spontanéité, l'immédiateté ou la multiplicité des expériences puissent révéler l'amour vrai. Une fidélité qui fonde et qui construit la personne, comme une véritable œuvre, s'appuie avant tout sur la fidélité à quelqu'un dans le cas du mariage, c'est une vie alliée à la mienne, miraculeusement pour toute la vie.

Ce travail héroïque et enthousiasmant a néanmoins, il faut bien l'admettre, très mauvaise presse. Je veux dire que le mariage, même s'il est une entreprise audacieuse et héroïque, est toujours présenté avec un arrière-fond de friture et de salle à manger rance.

La fidélité à une œuvre qui me transcende peut raviver toutes les situations, même pour ces deux enfants gâtés et irresponsables qui se sont mariés pour faire une belle fête et pour donner un nouveau souffle à une longue relation déjà un peu fatiguée, même pour ceux qui se sont consumés dans des fiançailles pendant lesquelles ils ont brûlé toute leur passion sans rien laisser, même pour ces deux personnes qui ont cohabité et fait des calculs d'apothicaires pour décider quand était venu le moment de faire plaisir à papa et maman, même pour ce mariage né d'un pari qui semblait ne tenir à rien, même pour ce mariage dû à un bébé qui arrivait, même pour ces couples où lui est devenu de plus en plus égoïste et elle de plus en plus dominatrice, même pour mon amie grincheuse et casse-pieds et pour son mari qui se défile dès qu'il peut, même pour celle qui a trompé son mari et qui est finalement revenue à la maison, même pour celle qui a avorté et qui ne réussit pas à se le pardonner mais qui ne veut pas l'admettre, même pour celle qui est une dominatrice tentaculaire et pour celui qui ressemble à une chiffe-molle et qui la suit comme un petit chien, même pour ces deux parents complètement esclaves de leur horrible enfant de trois ans déjà empâté par trop de friandises.

Quelle que soit l'erreur ou l'horreur qu'un homme et une femme traînent derrière eux, le moment opportun pour changer est venu, car c'est là que se joue l'éternité, c'est toujours dans le présent que la grâce peut tout renouveler.

... souvent confondu avec une gastrite

Cher mari,

Je voudrais aujourd'hui que tu ôtes ton alliance. Non, ne te réjouis pas trop vite ! Je sais que cela fait quelque temps que j'essaie de te l'enlever, avec l'excuse que tes mains ont gonflé. Voilà, maintenant je me souviens que tu m'as dit le soir de notre mariage que cet anneau allait peut-être te déranger. Pas question bien sûr de ne plus la porter. L'alliance, tu dois la garder : pour nous les femmes, c'est la première information sensible quand on étudie un homme. Je voudrais juste que tu l'enlèves pour que je puisse te l'offrir à nouveau, et nous pourrons ainsi faire un saut en avant. Je m'engagerai à être pour toi la plus belle et nous passerons au degré suivant de l'amour.

Avec toi,

ton épouse

Sommes-nous des nounous ou des caporaux ?

ou Si tu l'aimes, laisse-le être un homme et arrête de lui donner des ordres

Quelle mouche a piqué mon ami Paolo ? Je ne sais s'il a enduré beaucoup de traumatismes dans son enfance (certes, perdre la finale d'un championnat à un point près quand on a douze ans et ne plus jamais en arriver là, même de loin, pendant tout le reste de sa vie, doit marquer de façon indélébile), ou si sa vocation au martyre est innée (sinon, pourquoi regarder in extenso tous les sermons de l'auteur de *Gomorra* à la télévision sans que personne ne lui tienne les yeux ouverts avec le kit d'Alex dans *Orange mécanique* ?), ou s'il a simplement été très bien endoctriné par celle qui partage sa vie et par l'idéologie ambiante. Est-il conditionné au point de ne plus se poser de questions ? Quand je le vois goûter la sauce avec des gestes de connaisseur, débarrasser les assiettes après le dîner, se lever de table pour rincer la tétine tombée par terre et consoler le petit qui s'est cogné la tête – lui, toujours lui et uniquement lui – j'éprouve un sentiment de pitié, mêlé à de la colère. Parce que nous sommes bien au-delà de la parité : nous sommes dans la prévarication.

Giorgia, sa compagne – je ne sais jamais comment appeler la mère de ses deux enfants – met un point d'honneur à lui confier le plus de tâches possible. C'est pour elle une conquête naturelle de notre civilisation, un sceau apposé sur l'émancipation de la femme et même si elle en fait beaucoup elle aussi, sa générosité est rendue vaine parce qu'elle exige exactement la même chose de sa part à lui.

Cette question de principe l'aveugle tellement qu'elle ne se demande même plus comment elle pourrait faire pour aimer son homme, ou pour le rendre heureux (une petite check-list assez simple à utiliser : qu'est-ce qu'il aime ? qu'est-ce qui lui ferait du bien ? Pas besoin de mode d'emploi sur les stratégies de couple...), ni de quelle façon elle pourrait le mettre en avant. Je crois que cette pensée ne l'a d'ailleurs jamais effleurée. Et pourtant, je suis sûre qu'elle l'aime vraiment, qu'elle s'investit dans leur relation et qu'elle souhaite qu'elle dure. Sauf qu'entre Paolo et elle, c'est davantage une lutte qu'une relation – on dirait *Les Nuits avec mon ennemi* – dans laquelle elle se bat avec les armes d'une mauvaise interprétation de la parité. Elle s'est auto-proclamée ministre – en exercice – du droit des femmes et elle semble mesurer l'affection et la fiabilité de Paolo aux kilomètres qu'il parcourt avec l'aspirateur : une stricte comptabilité de l'amour. Ces revendications égoïstes ne cachent finalement qu'une grande fragilité et un besoin d'être aimée non assumé et désespéré.

À vrai dire, mon ami n'a pas opposé de résistance bien lourde à ces injonctions : il exécute les ordres avec diligence, il encaisse les cris, ou plutôt les remarques acides, sans ciller. Peut-être qu'être dirigé de la sorte l'arrange finalement, car cela le libère de la responsabilité de prendre les décisions, ce qui le rapproche beaucoup de ses contemporains masculins : faire le ménage à la maison est un prix à payer assez raisonnable pour leur permettre d'oublier leur rôle de guide, lequel est, comme on le sait bien, fatigant et effrayant.

Les hommes se sont défaits de l'uniforme de l'autorité pour revêtir celui du soin, de la disponibilité à la maison et du service. Ils ont ainsi renversé les équilibres du couple et de la famille : il est difficile d'offrir à la fois une aide fraternelle et une sécurité virile. On ne peut pas être en même temps une nounou et un général, on ne peut pas avoir le courage de résister à un caprice et essuyer les larmes de frustration, on ne peut pas édicter les règles et servir de médiateur pour leur observance, être celui qui tient le nid en ordre et celui qui donne le courage de l'abandonner. On ne peut pas tout avoir : un homme serviable et un guide qui fait preuve d'autorité, une nourrice et un protecteur de la nichée. S'il consacre toute son énergie aux tâches quotidiennes et qu'il tombe la tête dans l'oreiller dès que les enfants s'endorment, il ne pourra pas être l'homme lucide et solide qui prend les décisions, parce que les talents se cultivent en leur consacrant du temps et de l'énergie. Savoir prendre des décisions est le fruit d'un entraînement ; et moi, par exemple je n'ai aucune envie d'apprendre, car décider signifie dire des « non », donc laisser mourir des parties de nous-mêmes et « moi je ne mourrai pas, même s'ils me tuent » comme disait Guareschi, l'auteur de *La Rage* (qui est aussi le créateur de Don Camillo). Pourtant ce sont nos choix et nos décisions qui nous définissent essentiellement. Et si les hommes choisissent leur côté complaisant, c'est de notre faute, à nous les femmes.

Je peux très bien entendre qu'il y a des hommes qui font tout à la maison, mais un peu moins qu'ils le font avec plaisir, tout à leur joie de contempler un salon immaculé, élégant et bien rangé, avec peut-être une petite touche florale et une bougie allumée, à moins qu'ils n'aient de sérieux problèmes psychologiques (pour tout vous dire, si un homme seul n'a pas de la nourriture périmée quelque part dans sa maison, je commence à être inquiète). Les hommes que je connais, s'ils étaient laissés seuls, seraient des animaux : pour ne pas repasser, ils utiliseraient du linge en papier comme à l'hôpital et ils vivraient à deux doigts de l'abrutissement (du moins si on les confronte à notre standard de référence qui est la grande décoratrice Martha Stewart).

Paolo se démène avec obstination et il fait tout pour préparer le repas quand Giorgia est abstente. On ne s'attardera pas sur le fait que, pendant qu'il fait exploser un œuf dans le micro-ondes, il s'en prend aux producteurs de boîtes de petits pois, parce qu'il s'est coupé et que ces fourbes ont roulé sur le sol (mais comme c'est un homme, le « Zut, c'est de ma faute » s'arrête au niveau de l'épiglotte et il sera très sincèrement convaincu que l'œuf a décidé d'avoir un malaise tout seul et que le couvercle de la boîte a eu des velléités de rébellion). Il peut gérer un bureau de quatre ingénieurs, sans compter les architectes, catégorie qu'il considère comme l'aboutissement du croisement entre l'homme et la loutre (mais « ce n'est pas lui qui est raciste, ce sont eux qui sont architectes »), il peut gagner l'adjudication de marchés publics et faire tourner des chantiers. Mais dompter deux jeunes garçons le plonge dans un état de prostration avancé.

« Filippo, va te laver les dents.

– Je les ai déjà lavées !

– Quand ?

– Vendredi.

– Mais aujourd'hui, on est dimanche.

– On est dimanche ? Zut, alors demain il y a école. »

C'est typiquement le genre de conversation dans

lequel un parent ne devrait jamais se laisser entraîner, mais Paolo ne résiste pas à la logique d'un philosophe de sept ans (« Tu m'as dit d'aller me laver les dents, tu ne m'as pas dit quand »). Pendant ce temps-là, le petit frère en a profité pour échapper à la surveillance paternelle et se consacrer à des expériences scientifiques sur la force de gravité : il jette la boîte de petits clous en plastique du deuxième étage du lit superposé pour voir si le couvercle se dévisse et si les petits clous s'éparpillent (oui, il se dévisse et oui, ils s'éparpillent, avec une tendance déplorable à se glisser sous les étagères fixées au mur).

Ce qui augmente le coefficient de difficulté, c'est que Giorgia aime être aidée mais d'une manière typiquement féminine : elle veut que les choses soient faites à sa façon (dans l'ordre : nettoyage du petit avec un savon spécial anti-infection urinaire, administration de lait tiède dans un verre avec bec, jolie histoire, discours existentiel rassurant, baisers, diminution progressive de la lumière, extinction des feux. En pratique : un heptathlon). Mon mari, par exemple, écourte mon rituel d'endormissement d'environ une heure par enfant, le réduisant à : « Les enfants, c'est l'heure, bonne nuit » et il éteint la lumière. Un silence de mort descend sur leurs chambres en un instant et ils ne semblent pas particulièrement traumatisés le lendemain matin. Ils n'appellent pas un neuro-pédopsychiatre. Ils n'emballent pas leurs affaires dans une nappe à carreaux pour abandonner la maison. J'ai appris que si c'est lui qui fait les choses, il les fait avec son style à lui, et cela n'aurait aucun sens de s'en mêler. On n'a jamais vu un enfant hospitalisé d'urgence pour « usage impropre de serviette » (et d'après mon expérience, le concept hautement spéculatif selon lequel « chaque serviette a son crochet » est assimilé par une fille dès l'âge de trois ans, alors que, à quarante-cinq ans, un homme tâtonne encore dans le noir... Mais je ne perds pas espoir).

Les choses, soit on les fait soi-même, soit on accepte la manière dont elles sont faites par l'autre, parce qu'il est aussi très important que les enfants réalisent qu'il y a un code paternel, qui est celui de la règle, et un code maternel, qui est celui du besoin. Être à deux signifie mêler deux langages, deux mondes, deux codes et les faire cohabiter, en les laissant se féconder l'un l'autre, et permettre à l'autre d'être et de faire les choses à sa façon, sans l'emprisonner, sans ronchonner, sans sermonner, encore moins devant les enfants.

Il est d'une importance fondamentale que les enfants voient leur maman approuver ce que fait leur père (même si elle craint que ses rejetons ne se transforment en aile de poulet frite tellement il les amène au Burger King). Assister à une énième scène leur fera certainement plus de mal que de se passer des fibres et des vitamines réclamées par la génitrice. Toutefois, dans un second temps (et dans un autre lieu), on peut se parler raisonnablement et se mettre d'accord sur le nombre de fritures tolérables avant l'opération du foie. Le message est le suivant : « Je ne suis pas d'accord, mais j'ai vraiment confiance en toi et j'accueille tes propositions. Quand tu fais les choses, je permets que tu les fasses comme cela te semble le mieux. Et si tu penses que c'est relaxant d'ingérer une grande quantité de triglycérides à bas prix parce que cela allège de temps en temps la gestion familiale, l'allégresse qui en découle compense largement le déséquilibre nutritionnel. »

Il paraît que de très nombreux mariages se brisent davantage sur l'écueil du partage total des tâches, comme le veut l'idéologie dominante, que sur une infidélité. Partage non seulement de l'éducation, mais aussi de la gestion du lave-linge. À une certaine époque, chacun jouait son rôle et les occasions quotidiennes de frottements n'étaient peut-être pas aussi nombreuses ni aussi fatigantes. Des mariages finissaient, certes, mais je ne crois pas que l'on discutait du prélavage à une époque où les pères ignoraient la position de la lingerie et du berceau, sans parler du cabinet du pédiatre. En tous les cas, mon mari, interrogé à brûle-pourpoint sur la localisation des thermomètres à la maison, demanderait une question joker et pour parler volontiers des tournevis et des vignettes d'assurance.

Je voudrais continuer la petite parenthèse personnelle sur ce point. Mon époux soutient que je charge le lave-vaisselle d'une manière absurde, mais il ne pourrait pas nier le plaisir qu'il y a à observer l'harmonie des verres disposés sur le panier selon une échelle chromatique. Le fait est que je ne m'abaisse pas à me préoccuper de choses secondaires comme le temps – la ponctualité est une chose vulgaire, n'est-ce pas ? – ou l'aspect pratique. *Whatever Works* est un film amusant, mais ce n'est en tout cas pas ma devise. Ce que je touche ne fonctionne presque jamais, mais je sais faire de merveilleuses guirlandes de Noël. Il ne voudrait pas le dîner en plus, quand même ?

Je reconnais qu'un homme, placé dans des conditions optimales – avec tous les ingrédients, dans le silence, porte fermée, sans aucune interférence avec l'extérieur, dans des conditions météorologiques favorables et un roulement de tambour – peut préparer un très bon dîner. Chose qui lui sera vraiment inimaginable et impossible à faire tout en corrigeant les opérations, en réécoutant l'histoire et en déchiffrant les dessins (« Que c'est beau, c'est maman derrière un rideau ? » « Non, c'est la Petite Sirène sur le bateau » : un père ne connaît pas la subtile diplomatie qui empêche de se prononcer dangereusement sur les œuvres d'art d'un enfant de cinq ans), tout en se grattant et en buvant un verre d'eau, opérations qui requièrent une coordination supérieure à ses facultés. Une chose à la fois, s'il vous plaît (quand mon fils a demandé à mon mari s'il y avait du pain, il a versé le café dans le sucrier : il a été déconcentré).

Gérer la complexité, pas celle qui sert à construire une digue, concevoir un projet aérospatial ou déchiffrer une stèle, mais la complexité humaine, c'est très difficile pour un homme. Comment pourrait-il se souvenir du nom des amis de ses enfants ? S'ils étaient à apprendre, il aurait déjà fait des figurines. Comment pourrait-il laver les cheveux de ses filles en veillant à ce que la salle de bain ne se transforme pas en Lac Victoria (d'ailleurs, fait inexplicable, aucun de mes enfants n'a encore glissé en se fracassant le front sur la marche en marbre ; c'est en tout cas ce qu'il en était au moment de l'impression du livre) ? L'homme peut se révéler très utile dans le cadre de la recherche d'une nouvelle maison (à condition de s'être déjà résigné au départ à la règle bien connue du marché immobilier, dite du *day after* : le lendemain de la signature de la vente, tu trouveras la maison de tes rêves à moitié prix), mais par la suite, il lui semblera très fatigant d'implorer les maçons roumains de se manifester, les plombiers milliardaires de trouver un trou dans leur waiting list et les tapissiers daltoniens de mettre de côté leurs principes moraux pour faire le canapé selon tes goûts et en dépit des leurs. Ce qui lui sera vraiment impossible, ce sera de se rendre utile dans la phase d'organisation du déménagement, à moins que vous ne vous contentiez de vous retrouver tard le soir face à des cartons sur lesquels il est écrit : ÉPLUCHE-LÉGUMES – CHAUSSETTES – SUPERHÉROS ou bien TÉTINES – FACTURES – HOMÈRE, tout en sachant que ce qui sert pour aller dormir DRAPS – PYJAMAS – FOURCHETTES – FILMS DE GUERRE sera introuvable, par définition, avant minuit.

L'homme ne gère pas la complexité car, comme on le sait toutes, il pense à une seule chose à la fois. Et si, lorsqu'il apprend à utiliser une nouvelle application sur son téléphone portable, il s'aperçoit que cela ne fonctionne pas, tant qu'il n'aura pas réglé le problème, il sera un homme seul au monde avec son téléphone portable. Toute autre forme de pensée qui l'éloigne de la résolution du problème lui sera totalement inaccessible. À la limite, avec une concentration titanesque, il pourra se souvenir qu'il doit aller aux toilettes. À la limite. Manger peut facilement s'oublier. C'est pour cette raison que les hommes organisent des dîners de travail : ainsi, l'homme d'affaires qui redevient en cet instant un homme devant un steak de vache prussienne signe des accords en souplesse, parce qu'à table il ne pense pas aux stratégies de marketing, mais satisfait ses besoins élémentaires. C'est à peine nécessaire de faire remarquer qu'à l'inverse, des femmes qui dînent ensemble finiront par parler de leur vie sentimentale : des confidences qui ne sortent de la bouche d'un homme qu'en échange de chèques à six chiffres.

S'occupant de beaucoup de choses, Giorgia se plaint parce qu'elle n'a jamais de temps pour elle, et nous pourrions d'ailleurs toutes écrire une encyclopédie sur ce sujet : du A de Aller chez le coiffeur au Z de Zieuter les vitrines avec une amie, ce sont des activités compliquées dans les treize années qui suivent la minute de la dernière entrée dans la salle d'accouchement. N'en parlons même pas, car si on commence la course à celle qui est la plus fatiguée, on n'en sort pas : c'est vrai, mon amie soutient que l'autre jour, elle est allée travailler alors qu'elle avait pris un jour de congé pour se reposer mais moi, je peux aussi raconter que si je m'assieds pour lire une histoire à l'un de mes enfants, au bout de deux ou trois minutes, mes yeux se ferment et ma voix s'empâte comme celle d'un ivrogne. C'est pour cela que je lis les fables à genoux et si possible à jeun.

Mary Poppins. Voilà le cadeau que Giorgia devrait faire à son mari. Une merveilleuse nounou, souriante et capable de prendre résolument en main la situation quand c'est nécessaire (mais si possible ni belle ni adorable comme Julie Andrews, car quelle matrone survivrait à la jalousie, avec Mary Poppins dans les parages ?). Parce qu'il faut parfois avoir le courage de déléguer, de lâcher prise un petit moment et accepter d'être moins indispensable.

Giorgia, je t'en prie, si tu as besoin de t'éloigner de la maison, fais-le sans que cela ne pèse sur Paolo. C'est une des règles d'or des épouses : ne jamais se reposer aux dépens de son mari. Pourtant, c'est à première vue l'une des règles les plus transgressées. Et puis en plus, une baby-sitter peut être utile aussi quand on est à la maison, simplement pour faire les choses de manière un peu moins fatigante.

En revanche, il y a beaucoup de résistance de la part des jeunes couples – qui n'hésitent pas, au contraire, à impliquer excessivement les grands-parents – à demander de l'aide à une personne extérieure, une bonne nounou qui pourrait rendre la gestion plus facile et éviter de nombreuses revendications réciproques.

Si une femme travaille, elle ne peut se passer d'aide qu'au prix d'efforts surhumains. C'est vrai, il y a aussi des cas où la contrainte économique est insurmontable ; il faut alors se donner du courage. Mais dans de très nombreuses situations, presque toutes celles que je connais, il est possible de trouver quelques euros à soustraire aux vacances, à un dîner au restaurant, à un achat superflu ou bien à un plan d'épargne et de les utiliser pour la bonne cause. J'en sais quelque chose : j'ai une voiture qui est dans un état pitoyable et tôt ou tard, un laveur de pare-brise va me faire une offre.

Néanmoins, j'ai beaucoup d'amies – et Giorgia est d'elles – qui, éreintées par leur rythme de vie, s'appuient sur leur mari pour avoir du temps pour elles : elles leur laissent les enfants et la maison pour aller se reposer. Soit on décide de se passer de repos, lequel est pourtant légitime, soit on demande de l'aide : se détendre aux dépens du mari signifie qu'on le transforme en assistant, en nounou, en baby-sitter ou en femme de ménage. Il devient alors un allié presque fraternel dans la prise en charge des enfants, au lieu d'être le précieux destinataire de notre attention, de nos soins et de notre dévouement. L'option du papa baby-sitter n'a jamais été prise en compte par les femmes des générations précédentes, me semble t-il, mais elle est aujourd'hui dominante.

Ne commençons pas ici la litanie du casse-tête – du massacre-tête, devrions-nous dire – qu'est la conciliation entre la vie de famille et le travail, même si cela en vaudrait pourtant la peine, mais considérons comme acquis – vu que dans beaucoup de cas, le travail n'est plus un choix mais, même quand il est apprécié, une nécessité – le fait qu'après le travail et les enfants, il ne reste plus de place pour autre chose. Vraiment aucune. Même pas pour prendre une douche. Et s'il est naturel de ne pas prendre sur le temps consacré aux enfants, il devient normal d'oublier d'aimer son homme, ce qui est cependant la première manière d'aimer ses enfants.

Chaque famille s'ajuste – selon le nombre d'enfants, les horaires de travail et les conditions économiques – mais ce qui est fondamental, c'est que les parents ne deviennent pas seulement une équipe au service de leurs enfants. S'il n'est pas possible de s'offrir quelqu'un, même une heure de temps à autre, il y a toujours la possibilité de s'aider entre amies, entre mamans, d'organiser un roulement, et de se garder les enfants les unes les autres (j'habite dans le quartier Saint-Jean de Latran à Rome et je peux fournir à vos enfants des goûters-cochonneries, de l'affection, des opinions politiquement incorrectes et des microbes, le tout gratuitement), pour s'autoriser quelques heures de liberté sans que cela ne pèse sur le mari. C'est encore mieux si l'on profite de cette disponibilité avec lui, pour lui rappeler que l'énergie est certes dépensée surtout pour les enfants dans ces années-là, mais qu'il est le premier dans mon cœur. « Tu es le premier destinataire de mon amour, toi qui me complètes et qui me fais vivre, toi mon chemin pour la vie éternelle, toi qui m'indiques la route. »

C'est une façon de penser très éloignée de l'idée que

la famille est une société par actions, dans laquelle chacun reçoit au centime près ce qu'il a investi et dans laquelle les temps de travail, les tâches et les devoirs sont divisés en parts égales.

La femme, en particulier, si elle perd sa faculté à se donner sans compter, trahit son identité la plus profonde. Ne parlons pas seulement de tâches domestiques : les femmes travaillent quotidiennement pendant un nombre d'heures plus qu'impressionnant, mais ensuite, elles annihilent leur générosité en passant leur temps à revendiquer, à faire des remarques et des reproches à leur mari, en prétendant lui imposer le même rythme et le même style de vie qu'elles. Cela ne va pas.

La parité, vulgairement comprise de cette façon-là, n'existe pas. La femme sera toujours celle qui fait le plus de choses dans la maison et je souligne « dans », parce qu'elle sait le faire, parce qu'elle en a les capacités, parce qu'au fond – perversion inavouable – cela lui plaît, parce qu'elle connaît le dévouement, elle maîtrise la médiation et la gestion de plusieurs choses à la fois, et si elle ne l'accepte pas, elle nie la réalité, mais ne peut la changer. Elle n'obtiendra jamais qu'un homme se transforme en femme. Et heureusement.

Il est clair qu'un homme sain d'esprit a un sens de l'ordre digne d'un arriéré mental et si, lorsqu'il s'agit de ses propres affaires, s'il peut en arriver à mesurer à la règle l'alignement des slips dans le tiroir, il ignore totalement l'existence même de certains tiroirs de la maison : celui des bulletins, des vieilles photos ou des médicaments, informations qu'il vous demande par téléphone, provoquant en vous le frisson d'être sollicitée (n'avez-vous jamais noté la constance avec laquelle les hommes se brûlent et se coupent si vous allez chez le coiffeur ?). Mais ce n'est pas vous qu'il voulait, c'était la pommade. L'esprit libre masculin pourra situer les yeux fermés Tegucigalpa sur une carte muette, mais pas un vase dans la maison où il vit depuis dix ans.

Si elle se met à compter qui en fait le plus, la femme se condamne à une intransigeance continuelle et à une réelle souffrance au bout du compte. Si elle accepte au contraire d'être en première ligne, de choisir la partie la plus lourde sans rien garder pour elle et surtout sans rien dire, elle apprendra la légèreté des saints, la légèreté de ceux qui n'ont rien à défendre et tout à gagner. Elle bannira de son vocabulaire les petites remarques sur la figure mythologique mi-mari/mi-canapé avec laquelle elle cohabite. Elle cessera de revendiquer et acceptera de commencer à donner, car là est son appel et là est son bonheur profond. Quelque chose qu'on ne peut nier, si ce n'est en se dénaturant. Et miracle, elle obtiendra en échange le dévouement de l'homme qui sera prêt au sacrifice final qu'il tâchait de s'épargner auparavant, quand elle se plaignait.

Je sais bien que mon mari fait le gros du travail. Il est fidèle aux engagements, aux échéances et il fait tout fonctionner : de petites choses comme pourvoir à l'entretien de la maison et à tous les trucs qui vont avec, s'occuper des voitures ou bien vérifier que tout le monde va bien à l'école et au travail le matin. Pour ma part, j'aurais tendance à être plus créative concernant le respect des engagements : je peux veiller jusqu'à quarante-huit heures d'affilées, allaiter des jumelles avec des coliques (il est de notoriété publique que si par hasard l'une s'endort et que la maman tente doucement, sans se faire trop remarquer, de la poser dans un coin, l'autre, grâce à un dispositif de contrôle sophistiqué, recommence à hululer), corriger deux dictées à la fois et coudre des uniformes de football déchirés même en pleine nuit, mais si je commets l'imprudence d'aller au lit, il est impossible de me réveiller. Aucun moyen banal du type réveil ou coup de téléphone n'est suffisant. Mon mari me menace en général de représailles terribles si je n'ouvre pas les yeux (dans l'ordre : « Je divorce, je mets en ligne ta photo avec la permanente, je donne le saucisson qui est dans le frigo au chat des voisins). Je finis en général par me lever, quand trop, c'est trop. Quoi qu'il en soit, rien ne pourrait m'éviter de déposer mes enfants à l'école bien après la sonnerie (ma concierge préférée, Gianna, ne me gronde que très peu).

On devrait respecter les points forts et les points faibles de l'autre. Par exemple, un homme, à la différence d'une femme, est capable de « débrancher » de temps en temps – contrairement à la plupart de mes amies je pense que c'est un point fort – et de se reposer quand il en a besoin, pour garder la lucidité qui sert à tout le monde. Nous qui ne lâchons jamais prise et qui, à l'exemple de la légende du cyclisme italien Fausto Coppi (le premier à boire en selle pour ne pas s'arrêter de pédaler), nous avons du mal à comprendre sa logique du courant alternatif et à lui permettre de se reposer, en évitant par exemple de lui sauter dessus dès qu'il rentre du travail.

C'est pourquoi je voudrais dire à Giorgia d'éviter d'attendre Paolo au portail pour lui mettre les enfants dans les bras et commencer à se plaindre dès qu'il rentre à la maison. Parce qu'il songe encore au projet qu'il faut imprimer ou, à défaut, à la nouvelle forme de torture qu'il pourrait infliger aux ouvriers responsables d'un éboulement sur son chantier – serait-ce mieux de leur arracher les ongles avec les tenailles, ou bien de les obliger à regarder dans l'ordre et sans interruption tous les films tirés des romans de Jane Austen ? – à ce moment-là, quand il est de retour chez vous, la dernière chose qu'il souhaite est d'être informé d'un quelconque problème ou d'être contraint à faire le puzzle de Winnie l'ourson, ou encore préparer le risotto.

Il y a aussi des jours où, suite à une série d'erreurs qui ne lui sont pas imputables, il se trouve que Giorgia est de bonne humeur. Mais ces jours-là sont rares et les choses rentrent vite dans l'ordre, tant elle reste fidèle à la devise qu'elle a faite sienne depuis longtemps : « Le seul jour facile était hier » (citation des forces spéciales de l'infanterie américaine : avoir un fils de treize ans élargit ton horizon culturel).

Si elle savait qu'en se mettant au service de son homme, elle susciterait en lui l'envie de dresser une forteresse pour elle et leurs enfants, elle le ferait prestement, avec joie et générosité.

Tout cela n'a rien à voir avec la question de qui fait la vaisselle, mais beaucoup en revanche avec le fait d'être un homme et une femme adultes. Lors du passage du néant à la vie, Dieu a créé le monde pour l'offrir à l'homme, il a créé l'homme pour l'offrir à la femme et il a créé la femme pour l'offrir à l'homme, comme l'a dit Wojtyla. L'essence de la création, c'est la dimension du don, qui est fondamentale et radicale parce qu'issue du néant. C'est notre vérité. L'homme aussi est un cadeau fait au monde : un homme qui, avec la femme, soumet la terre et domine les animaux (Paolo, je t'en prie, chasse les chiens du canapé, car fatalement, quand l'animal est idolâtré, l'homme n'est plus à la bonne place).

Et je voudrais dire une dernière fois à Giorgia que la règle du service librement consenti fonctionne très bien avec les hommes, lesquels ne supportent pas les contraintes (non, les enfants, la règle n'est pas valable pour vous : en dessous de treize ans, je suis désolée mais je n'attendrai pas que naisse en vous l'envie de ranger vos Legos, ni un souffle céleste qui vous pousserait à faire vos devoirs). Servir l'homme va l'amener à déposer son dévouement dans nos mains, puis à servir à son tour. Sauf que cette fois-ci, ce sera avec le sourire. Je dois toutefois préciser que, par rapport à nos amis Giorgia et Paolo, nous avons l'avantage d'être mariés. Nous avons pris un engagement (mon mari le nie, mais j'y étais, je l'ai bien entendu) et cela change la perspective, un peu comme la révolution copernicienne : nous ne restons pas ensemble aussi longtemps que nous le pouvons, mais nous faisons tout pour rester ensemble le mieux possible, car de toute façon, nous le serons pour toujours. En plus, nous avons la grâce : l'arme secrète ou le super-bonus. La grâce, celle qui renouvelle toute chose. Une aide véritable, concrète, qui agit pour de vrai. À tel point que je pense parfois que je me suis mariée à l'église (et cette fois-là, je ne me suis même pas endormie pendant la messe) uniquement parce que j'aime gagner facilement.

Cher Paolo,

Je t'offre Mary Poppins, en guise de rappel. D'abord pour moi-même, puis pour toi, qui as parfois aussi le droit de te reposer. C'est sacro-saint et c'est stipulé par un document important dont j'ai oublié le nom, déniché en cherchant à me souvenir de toutes les choses que je voulais mettre sur la liste laissée sur la commode. Je te promets que dès aujourd'hui, j'essaie de ne plus porter la culotte de colonel. Laisse de côté l'aspirateur et dépose la louche.

Toutefois, je ne sais pas si cela te conviendra. Parce que le sacrifice qui t'est demandé est bien plus grand : celui d'être le guide. Tu devras prendre des décisions, éteindre les controverses et rassurer tout le monde. Mais comment pourrais-tu le faire avec des patins aux pieds ? Allez, soyons sérieux.

Giorgia

L'épouse de Gudbrand le montagnard

ou De la nécessité d'avoir un préjugé positif envers lui

Je voulais écrire qu'une femme, dès l'instant où elle mariée et passe le seuil de sa maison (portée ou non dans les bras de son mari comme le veut la tradition) doit faire un beau nœud à sa langue. Je voulais. Et puis j'ai rencontré Anna et j'ai découvert qu'il est possible d'être désagréable avant même de passer le seuil de la maison : on peut l'être dès le voyage de noces, mais c'est une affaire de professionnelle. Si l'on veut, on peut critiquer l'hôtel, le vol, le paysage et tout ce qui a été choisi par lui. Mais comment a-t-il pu avoir l'idée de prendre une initiative tout seul ? Lorsque mon amie m'a raconté sa lune qui se voulait de « miel », j'ai eu la confirmation que l'expression de Zsa Zsa Gabor selon laquelle le mariage est un repas plutôt ennuyeux avec le dessert en entrée n'est pas tout à fait exacte, car on peut au contraire très mal commencer (et puis, avec un peu de travail, on peut s'améliorer). À dire vrai, dans le cas de mon amie, cela ne pouvait que s'améliorer.

Mon mari, j'en profite pour te glisser au passage que j'espère que tu as apprécié la docilité avec laquelle je t'ai épargné le voyage de noces – usage barbare selon toi – et je t'ai suivi au cinéma voir un film en anglais le soir de « mon » – comme tu l'appelles – mariage, habillée en mariée (c'était Carnaval et nous sommes passés inaperçus), car tu ne voulais pas trop célébrer la chose, probablement convaincu de ne pas avoir conclu une grosse affaire. J'espère que tu peux me pardonner de m'être endormie dans la salle, épuisée par la cérémonie et par tout le reste. Cela dit, j'ai ronflé tout doucement, je ne t'ai demandé que très peu de fois quand il y aurait un baiser et je ne me suis même pas plainte de mes talons (grâce au principe de congélation, mes pieds avaient perdu toute sensibilité).

Nonobstant, ce fut un meilleur premier jour de mariage que celui de mon amie Anna qui, dès qu'elle est en présence de quelque agrégat anthropoïde capable de tendre l'oreille, dispense ses directives. Blondeur, assurance, perfection et élégance émanent d'elle à plusieurs kilomètres de distance, alors imaginez quand on s'en approche : elle se révèle de surcroît sage, profonde et intelligente. C'est pourquoi ses directives ne me posent aucun problème. Bien au contraire. Si je pouvais, je proposerais à Anna de devenir le directeur administratif délégué de mon entreprise – composée en substance de moi-même et de mes quatre membres qui ont besoin d'une stratégie pour être coordonnés, comme le savent les infirmiers des urgences qui me recousent régulièrement les genoux (j'aime courir mais j'ai quelques problèmes de synchronisation). Elle saurait sûrement trouver le moyen de m'éviter de circuler avec le clignotant allumé, comme ces petits messieurs qui conduisent avec leur chapeau, ou de porter des lentilles de contact pleines de mascara, ce qui certes, me confère un air ingénu (cela m'enlève plusieurs dioptries) et donne au monde une nuance sépia romantique, mais qui n'aide pas mon sens de l'orientation de caniche. Anna saurait avec une douce fermeté m'inciter à fermer le livre sur sainte Catherine et à ouvrir en revanche le dossier de presse quand, à quatre minutes de l'entretien, je ne parviens toujours pas à me souvenir ni du nom ni du titre de la personne que je dois interviewer, ou de la raison pour laquelle je suis là, et elle appellerait mes insouciantes cellules cérébrales à se réunir juste avant la catastrophe. Elle saurait m'orienter sagement vers l'achat d'un sobre chemisier blanc de dame quarantenaire – ce que je suis en théorie – à la place du petit boléro en fausse fourrure verte, guère mettable pour les rendez-vous avec les institutrices, ni d'ailleurs pour tout entretien avec une personne normale.

Anna est avocate et démêle dans son cabinet des problèmes humains et juridiques avec une précision chirurgicale, un accueil maternel et un langage propre à chaque circonstance. C'est aussi une mère vraiment attentive et une belle épouse, pieuse et fidèle. En somme, comme le dirait saint Paul : elle sait se faire toute à tous.

Elle est tellement toute et tellement juste, qu'elle préside inévitablement le comité mondial pour l'amélioration du mari. Pietro, simple créature, le sait et il l'aime, certes, mais vivre aux côtés d'une administratrice aussi efficace est parfois un peu dur. Comment fais-tu pour te relaxer sur le canapé quand tu as près de toi une personne qui sauve le monde ?

Selon moi, le cadeau le plus sublime qu'elle puisse lui faire serait de se rendre. J'aimerais beaucoup voir Anna agiter le drapeau blanc. Je voudrais qu'elle abandonne une fois pour toutes et qu'après presque vingt ans (on n'est plus à une réprimande près) elle comprenne que finalement, Pietro est bien, plus que bien, et même suprêmement bien. Étant donné les nombreux nœuds sur le bois humain tordu que nous sommes ; étant donné les ténèbres qui nous guettent ; étant donné que n'importe quel specimen de notre espèce peut, à l'improviste, un jour, par le plus grand des hasards, plonger la tête la première dans le mal, sans préavis aucun, ni envers lui-même, ni envers ses proches ; étant donné tout cela, Madame le Procureur, je me contenterais du fait que, dans votre acte d'accusation, Pietro a totalisé seulement quelques chaussures mal rangées, des bruits désagréables, une incapacité à arriver du point A au point B sans heurter un objet (les hommes sont souvent dépourvus de ce radar sophistiqué qui permet de percevoir des détails minimes comme le gros fauteuil placé au centre de la pièce depuis environ huit ans, toujours dans la même position), un peu de paresse, quelques scènes un tantinet bruyantes et quelques excès de superficialité... Allez Anna, cela aurait pu être pire ! Cela aurait pu être bien pire. Je ne voudrais pas te rappeler maintenant ton collègue de cabinet qui a quitté femme et enfants pour la jeune stagiaire, ni toutes les autres histoires de fiancés décennaux qui ne se décident jamais, ou d'amants fougueux qui, face à la seconde ligne dans la petite fenêtre du test de grossesse se souviennent subitement qu'ils ont omis un petit détail : ils sont mariés, mais avec une autre. À l'actif du bilan de Pietro, en revanche, tu peux évoquer sa solidité, sa gentillesse et sa fidélité : ce n'est pas rien.

Presque toutes les femmes que je connais et moi la première, auraient besoin constamment d'une bonne réserve de drapeaux blancs (je n'en suis pas au point d'Anna mais je fournis souvent des éléments nécessaires à la croissance de mon conjoint et je le sais, mes remarques éclairent ses journées comme un derby perdu à la quatre-vingt quatorzième minute pour un penalty qui n'avait pas lieu d'être).

Je ne sais pourquoi, ni quand exactement, dans nos

relations avec les hommes, nous nous mettons en tête de jouer à l'institutrice : « Nous les sauverons. » Nous déclenchons contre eux une sorte de guerre humanitaire (avec de bonnes intentions, mais il y a tout de même des bombes), persuadées d'avoir été ointes par la puissance céleste, d'avoir reçu un mandat pour améliorer cet homme à nos côtés et en produire une version perfectionnée (parce que, investies d'en haut, nous ne le voulons pas seulement différent et n'exprimons pas seulement notre opinion, mais bien la Vérité Absolue). Dans le feu sacré de l'amélioration, il nous échappe peut-être parfois que nous devrions avant tout aimer cette personne.

À l'inverse, l'homme que nous tentons de formater – et nous essayons presque toujours – souffre et étouffe, les ailes rognées. Rien au monde ne le dérange plus que de sentir sa liberté entravée. Et même s'il emploie ses petites ailes pour toujours revenir vers nous à la fin, il a besoin de savoir qu'il peut s'éloigner (au cas où il en aurait envie). Peut-être ne le sait-il pas, mais il doit sentir qu'il peut le faire (je parle de se détacher un peu, de s'extraire... pas d'aller en vacances sur une barrière de corail avec la voisine). On le sait, l'homme aime en mode élastique (moi j'aime en mode moule accrochée à son rocher).

Pour l'homme-élastique (c'est-à-dire tous), la proximité permanente avec Miss *Je te veux parfait* peut être très fatigante. Je ne sais pas ce qui me rend supportable pour mon mari, probablement le fait que si je m'assieds, je m'endors et je suis alors d'excellente compagnie.

C'est vrai qu'il est difficile d'aimer en respectant la liberté de l'autre, en réfrénant notre désir de le dominer, en restant loyale, en permettant qu'il existe et qu'il trouve seul son chemin pour être configuré au Christ, ce qui est le sens de notre vie sur cette Terre.

Quant à mon amie, je suis témoin : je l'ai vue gronder son mari à cause de sa manière de fermer les fenêtres, à cause du bruit qu'il faisait en buvant, à cause de la commande au restaurant, à cause du désordre, à cause de l'enfant non surveillé, à cause du temps passé devant l'ordinateur.

Je pense même que la plupart des fois, Anna a raison (j'aurais tendance à supposer que c'est parce que je suis une femme comme elle et que j'ai des choses à redire sur exactement les mêmes points). Je ne me résigne pas toujours avec distinction au fait qu'un homme ne puisse se souvenir de l'heure de l'antibiotique que si on lui a tatoué sur le poignet AUGMENTIN 13 HEURES en caractères fleuris (et dans ce cas-là, il ne le donne pas au bon enfant). Ou au fait que, à l'évidence, lorsqu'un mari la regarde avec des yeux trop amoureux, l'épouse devra s'assurer qu'il n'a pas les oreilles bouchées et qu'il n'est pas en train de sourire au reportage spécial d'une chaîne sportive sur la sept-centième sélection officielle du footballeur Totti. Ou au fait, amplement démontré, qu'il rentre des courses, chargé de lanternes de jardin en promotion mais dépourvu de lait et d'œufs, puisqu'il a perdu la liste à peine sorti de la maison, conduisant ainsi sa femme à s'adonner à l'alcool ou, si elle ne boit pas, à la consommation compulsive de pain et de saucisson, car consciente que toute sa vie, elle devra se souvenir pour deux (de bagatelles telles que les reçus des mensualités de l'emprunt, les inscriptions à l'école, les vaccins ou les anniversaires). Un homme, en revanche, ayant la mémoire bien libre, pourra emmagasiner les faits marquants de la révolution d'Octobre, la date de la chute du Temple de Jérusalem et les hypothèses sur la mort de Kennedy, en particulier cette histoire selon laquelle Johnson serait le commanditaire (mais est-ce le même que celui du produit pour le plancher ? Serais-je alors en train de subventionner un criminel ?). Alors qu'une femme (moi), entassant des noms d'institutrices et d'affaires existentielles d'autres êtres humains que son ours de mari ignore, élargira toujours plus le domaine de son ignorance (en ce qui me concerne, j'ai décidé de toujours répondre aux questions d'histoire : « Frédéric II de Suède » – un jour ou l'autre la réponse devrait être exacte).

D'un autre côté, nous l'avons épousé, alors accepter

la différence est la seule voie pour faire fonctionner les choses. En effet, le sens de l'amour est d'aimer gratuitement, d'aimer jusqu'à tout perdre (perdre tellement que l'on se perd soi-même). Le vrai amour a la forme d'une croix.

Continuer de chercher à changer l'autre, en le soumettant à un lent et continuel goutte-à-goutte de réprobations, de commentaires acides et ironiques, de critiques et de petites blagues est une sorte de paresse féminine. La femme revendique ainsi avec son compagnon, pour lequel elle devrait être « une aide qui lui est semblable » d'après la Genèse, l'attitude la plus instinctive et la plus facile : le maternage. À partir d'un certain moment, chercher à remodeler un être humain en un autre flambant neuf est notre activité principale (avec des succès mitigés, car que je remarque maintenant qu'une poignée de papiers de bonbons commence à dépasser entre Dostoïevski et Dos Passos : il doit y avoir une décharge illégale derrière le « D » de la bibliothèque). Ainsi je crois qu'il est commode pour Anna et moi, mais pas seulement pour nous deux à mon avis, de garder un comportement identique avec le père et ses créatures, y compris en dehors de l'horaire syndical, après avoir abattu, pardon, mis au lit, les enfants.

Anna, tu n'imagines pas la douceur dans laquelle est plongé le cœur de ton mari à chaque fois que tu ravales un sermon, une réprimande ou que tu caches ta moue derrière un sourire. Le problème est que – aussi incroyable que cela puisse nous paraître – la personne avec laquelle nous avons décidé de partager notre vie nous appartient, certes, mais pas pour notre usage personnel. Finalement, notre devoir n'est pas de le changer : c'est sa liberté qui doit avoir le dernier mot.

En revanche, nous pouvons ouvrir la route, encourager, prier ou corriger fraternellement. Le changement que toutes les femmes veulent observer en leur mari, en admettant que ce soit nécessaire - car il faut accepter cette différence irréductible et féconde qui est la marque de l'Autre dans notre vie –, ce n'est pas à elles de le faire advenir, mais au Seigneur. C'est le travail de Dieu : cela s'appelle l'œuvre du Salut. Cela prend du temps, sinon on l'appellerait la photographie du Salut. Il faut résister à la tentation du *quick fix* (j'adore, d'ailleurs, le rayon *quick fix* des supermarchés américains : ces énormes pharmacies en libre service qui te promettent toutes sortes de choses... J'aime tellement y croire !), solution rapide et magique aux problèmes de l'autre. Ne crois-tu pas que Dieu aime ton mari plus que tu ne l'aimes ? Lui qui est Dieu se fait homme et marche avec nous. Il est patient avec nous.

Et je te parle, Anna, à toi qui es bonne et évolues

du bon côté. Tu as pris parti pour ton mari et son vrai bien. Mais si la route d'un homme croise celle d'une femme manipulatrice, qui veut tirer les ficelles même à son insu, alors c'est fini. Parce qu'une femme malicieuse peut faire d'un homme ce qu'elle veut. Et pas seulement d'un seul. Elle peut en tenir plusieurs grâce à ses techniques de manipulation, en déchaînant des sentiments de culpabilité, des instincts de protection, d'infériorité et mille autres choses encore, plus laides les unes que les autres et que le malheureux avale d'un trait.

Le premier effort que chacun peut faire est un travail sur lui-même. Nous ne pouvons prétendre à ce que l'autre devienne meilleur, prétention délicieusement féminine à dire vrai (l'homme sermonnant est vraiment rare et les quelques-uns qui existent travaillent presque tous au journal *La Repubblica*). Parce que le changement – en admettant toujours qu'il soit nécessaire – se produit seulement dans la liberté. Et seule la grâce peut nous changer vraiment ; certainement pas nos discours, encore moins s'agissant d'un homme adulte qui, pendant qu'on lui parle, se demande si la touche pour nous mettre sur pause se trouve dans un lieu discrètement accessible, par exemple, derrière le genou.

En revanche, la méthode suggérée par saint Paul est imparable : « Estimez les autres meilleurs que vous-mêmes. » Et le texte ne prévoit pas d'exception « pour l'amélioration du mari », malheureusement. Un homme ne résiste pas, au sens littéral du terme, à une femme qui l'approuve loyalement et honnêtement, non par tactique, mais par principe (elle est de son côté). Devant une telle femme l'homme fond, se met à la vénérer et plus elle lui obéit, plus il est enclin à la servir et à lui plaire. Je tiens beaucoup à souligner, si je n'ai pas encore été assez claire, que ce n'est pas une technique de manipulation parmi d'autres (pour lesquelles nous sommes si douées), ni une discipline orientale qui prônerait la maîtrise de soi en nous incitant, que sais-je, à manger des algues pour ne pas tomber dans des hurlements hystériques. C'est au contraire une vraie conviction : le point de vue de l'homme complète le nôtre, l'accueillir nous fait grandir et nous rend plus heureuses. C'est reconnaître notre tendance à dominer et notre besoin d'être guéries. Toutes les fois que nous ravalons la critique, nous faisons un pas en avant vers notre plénitude. Nous ne regretterons jamais d'avoir obéi par amour.

Puisque ma tendance naturelle serait d'accueillir mon mari rescapé de son travail, après une traversée de la ville en solitaire sans chiens de traîneau, une étape à la pharmacie, à la boulangerie, à la quincaillerie et la récupération d'un ou deux enfants au passage, avec un : « Si tu étais passé acheter la viande, tu m'aurais vraiment aidée», en oubliant bien sûr de le remercier, nous avons décidé avec mes amies de fonder l'association des épouses de Gudbrand le montagnard. Et nous sommes déjà plusieurs à nous être enrôlées. Il s'agit d'une fable de la tradition norvégienne qui m'a foudroyée un jour que je la lisais à l'un des enfants. Gudbrand est un montagnard qui va vendre une de ses deux vaches en ville. Il ne trouve aucun acquéreur et décide de retourner à la maison avec l'animal. En chemin, il rencontre un homme avec un cheval qui lui propose de troquer leurs animaux. Il accepte, puis, continuant son chemin, il en rencontre un autre avec un porc, puis une chèvre, une brebis, une oie et enfin un coq. Gudbrand accepte toujours de troquer : le cheval avec le porc, le porc avec la brebis, la brebis avec la chèvre et ainsi de suite. Quand il se retrouve avec le coq, il se fait tard, il est fatigué, il a faim et il rencontre un homme qui lui propose de l'acheter. Il utilise la recette de cette vente, peu de chose, pour dîner. Presque arrivé chez lui, il s'arrête chez son voisin qui lui demande comment s'est passée sa journée. Gudbrand lui raconte, et le voisin se met les mains dans les cheveux, préoccupé par la future colère de l'épouse. Mais Gudbrand est certain de son amour : elle l'admire tellement qu'elle pensera très sincèrement que tous ses choix furent les bons. Le voisin parie un sac d'or que cette confiance est impossible. Il se place derrière la porte pour écouter ce qui se passe. Le montagnard rentre chez lui et salue son épouse, à laquelle il annonce qu'il a troqué la vache contre le cheval. Elle crie de joie, savourant à l'avance les sorties avec la calèche. Mais il l'interrompt pour lui dire qu'ensuite le cheval a été troqué contre un porc. Encore plus contente, l'épouse pense au jambon qu'ils feront et ainsi il doit lui avouer qu'en fait, il a pris une chèvre en échange et ainsi de suite. La paysanne, à chaque troc, est de plus en plus contente d'avoir un mari si bon, qui lui procure chaque fois du lait, de la laine, des plumes ou un coq qui la réveillerait le matin. Finalement il est obligé de lui dire qu'il a mangé le peu d'argent qu'il avait reçu et elle l'embrasse les larmes aux yeux, au comble de la gratitude et de l'enthousiasme, parce qu'ainsi il s'est sauvé de la faim et a pu revenir à la maison en bonne santé. Le voisin, stupéfait, est contraint de lui donner le sac de pièces d'or qui valait d'ailleurs bien plus que ce que Gudbrand aurait pu tirer de la vache.

Dans l'association des épouses de Gudbrand, nous essayons de faire la même chose. Nous renversons notre inclination naturelle à trouver toujours quelque chose qui ne va pas et nous apprenons au contraire à remercier et à trouver ce qui est beau dans ce que fait notre mari, à sa manière, avec son propre style et à son rythme. Et Gudbrand, à bien y regarder, est une figure positive qui, grâce à son esprit d'initiative, met son énergie dans le monde et le féconde en y jetant une semence, qui ne finit pas forcément par porter du fruit. Pourtant, c'est la tâche de l'homme : sortir et féconder le monde.

Il faut avoir un a priori positif envers lui, penser du bien quoiqu'il arrive et apprendre à « laisser passer ». Cela ne veut pas dire qu'il faut arrêter de batailler : ce n'est pas un amour résigné, mais un amour accueillant. Il est l'homme qui m'a donné sa vie, alors que je ne l'avais même pas chloroformé. En plus, il reste avec moi bien qu'il m'ait vue dans mes pires moments – et le fait d'avoir produit notre quatrième fille ne peut pas être une circonstance atténuante pour le sac de pommes de terre que j'ai mis en guise de robe au mariage de Marco – et qu'il ait assisté à mes performances les plus raffinées – comme enfermer dans la voiture, je ne sais toujours pas comment, une fille attachée à son siège auto, les clés sur le contact, toutes portes verrouillées, car distraite par un coup de téléphone au cours duquel j'étais probablement en train de dispenser des conseils dans mon déguisement le plus réussi, celui de la Mère Parfaite (pour la petite histoire j'ai forcé ensuite la fenêtre arrière avec un tournevis). Cela vaut la peine de faire quelques efforts pour cet héroïque conjoint et de s'engager dans l'association !

Je peux dire que l'association rencontre sur le terrain un succès incroyable. En échange de notre assentiment sincère (et je souligne, le plus souvent possible « sincère ») et inconditionnel, nous constatons un dévouement jamais connu auparavant. Cela fonctionne. Cela fonctionne de façon stupéfiante. Ce n'est pas une tactique. C'est le désir sincère d'aimer, d'être loyale, d'être un miroir positif qui renvoie à l'homme une bonne image de lui-même, qu'il ne réussit parfois pas à voir tout seul. Une approbation qui d'ailleurs le pousse à faire davantage, parce que si l'on se sent regardé avec les yeux de la confiance, on est poussé à recommencer.

Les critiques incessantes, à l'inverse, placent tout sur le plan de la réciprocité et poussent l'homme à s'éloigner, lui fournissant ainsi un alibi pour faire de moins en moins de choses pour la famille : je crois que c'est la dynamique qui va provoquer la rupture d'avec l'épouse pour une femme moins « brillante » (je voudrais mettre ici une dizaine de guillemets) : au hasard son assistante, une employée, peut-être une personne avec un CV moins fourni que celui de celle qui le bombarde de revendications et de plaintes... Parce qu'être enfin accueilli, comme on est, est extrêmement reposant. Je ne veux pas justifier, mais comprendre comment fonctionne l'impénétrable et mystérieux animal qui se trouve à nos côtés (le mien continue à soutenir qu'il n'a rien de mystérieux et que c'est moi qui enveloppe de mystère ses silences, de manière arbitraire, parce qu'un homme est aussi tout à fait capable de ne penser à rien – c'est son sujet préféré – à la différence d'une femme, qui sera toujours dans un système de pensée à double fond).

Anna, tu ne dois pas oublier que tu as des attentes énormes à l'égard de ton mari. Tu attends de lui qu'il comble tous les désirs de ton cœur trépidant. Dans ta tendance à la dépendance, non pas pathologique mais existentielle, tu es, comme toute femme, un rappel de la condition humaine des créatures qui ont besoin du Salut. La femme, avec son « me voici », exprime plus clairement que l'homme son besoin de Dieu et son besoin d'amour. Sauf qu'aucun amour humain ne pourra jamais combler toutes ces attentes, parce que l'homme, à cause du péché originel, s'est détaché de Dieu, c'est-à-dire de la source de l'amour et de la vraie plénitude de la vie. Ainsi, aucun homme ni aucune femme ne pourra éviter de voir ses attentes déçues, ni s'épargner des blessures et des douleurs petites et grandes, si son cœur n'est pas rempli par le Seigneur.

De la méfiance et de la peur on passe vite au désir de dominer l'autre. Et la manière dont la femme exerce sa domination n'est pas celle de la force – mode masculin – mais celle du contrôle et de la manipulation. Ainsi la femme cesse « de venir en aide à l'homme » comme dit Edith Stein, « par une libre décision personnelle, pour lui permettre ainsi de devenir ce qu'il doit être ». Elle cesse d'aimer et, déçue, elle oublie que son rôle peut être celui d'aimer pour deux, jusqu'au point d'éveiller en l'homme le désir de se donner. De même que la rébellion d'Ève a apporté la mort dans le monde, toute décision spontanée de service et de soumission de la part d'une femme apporte une vie nouvelle au monde.

Inversement, à chaque fois que la femme trahit sa vocation profonde, son entourage souffre.

La femme est comme un miroir pour l'homme, alors si un mari voit toujours une image négative de lui-même, ce reflet le paralyse ou du moins le conditionne beaucoup, quand il ne suscite pas en lui le désir de s'esquiver (éventuellement avec la secrétaire : Anna, as-tu vérifié que celle de ton mari est suffisamment laide ?).

Dans certaines situations, continuer à espérer et à voir ce qui est bon est un pari, mais je connais des femmes qui continuent obstinément à aimer des maris qui les ont déçues. Sainte Catherine, qui avait une mère impossible, fut un temps contrainte de faire la servante chez elle. Elle le faisait toujours avec le sourire, supportant les humeurs des uns et des autres. Elle expliqua une fois qu'elle y parvenait parce qu'elle imaginait qu'elle servait non pas ses parents mais la Sainte Famille. Elle avait bien sûr de l'avance, comprenant que les comptes, dans une relation, ne se font pas avec l'homme ou la femme qui est à nos côtés mais avec le Seigneur. Le fait est que l'amour n'est pas seulement un sentiment, mais un commandement.

Ce n'est pas le cas d'Anna, mais que faire quand notre Gudbrand échange une vache contre un coq et revient les mains vides ? Cela peut évidemment arriver et d'habitude, il sait très bien qu'il a tort ; c'est pourquoi il ne voudrait pas un sermon de plus mais plutôt un câlin. Laisser passer au moins deux jours avant de prononcer un sermon est toujours un bon choix : ce que l'on va oublier de dire n'est clairement pas essentiel. Ce qui reste est épuré. Et surtout, il n'y a rien qu'on ne puisse lui dire doucement, la tête posée dans le creux de son épaule, quand l'équipe romaine de football a gagné et que l'ordinateur est allumé.

Certaines choses heurtent leurs nerfs et il serait précieux d'apprendre à clore ces sujets avec eux, pour n'en parler qu'avec des êtres rigoureusement féminins (dans la pièce d'à côté se trouve un guichet spécial pour se plaindre des maris hostiles aux amies moches, aux réunions amicales, aux souvenirs ou aux bijoux de naissance). L'homme pèche parfois contre quelqu'un d'autre, alors dans ce cas, il faut le dire : cela s'appelle la correction fraternelle. Celle-ci est nécessaire, mais adoptons une façon de parler douce et non blessante : toujours hisser le drapeau blanc en signe de reddition et rappeler, c'est évident, que Dieu existe (mais que ce n'est pas toi).

Il arrive enfin que l'homme doive vraiment sortir d'un marécage, d'un comportement mauvais qui lui fait du mal ainsi qu'à ses proches. Mais là aussi, c'est lui qui doit le faire librement. Personne ne peut le lui imposer. Et personne ne peut lui éviter cette fatigue. On peut seulement accepter, accueillir et attendre un changement. Prier. Cela peut demander des années voire des décennies. Peut-être toute une vie (ma grand-mère disait souvent à mon grand-père : « Tu me donneras raison quand je serai morte. » J'ai compris maintenant qu'elle ne plaisantait pas.)

La seule chose qu'une femme puisse faire pour inviter un homme à la conversion est de lui montrer et de lui faire pressentir la beauté d'un autre chemin ou d'une autre vie. Qu'il soit poursuivi par la promesse de cette beauté préservée et resplendissante qui n'est toutefois jamais déployée comme un étendard accusateur. Et le faire tout en restant toujours (et je souligne *toujours*) loyale.

Si vous voulez à l'inverse une série de conseils inopportuns, à donner au mauvais moment à un mari fatigué et énervé, qui prendront des allures de coup de massue final, je peux les fournir gratuitement, mais en raison de la loi de l'offre et de la demande, je ne crois pas qu'ils soient très demandés, car il y en a beaucoup en circulation.

Anna dit elle aussi des choses très sages à son mari, pile au moment où il voulait simplement être accueilli à la maison, sans être soumis à l'appréciation du comité mondial d'amélioration etc. Il faut parfois accepter de petites choses, comme le zapping passif, être là quand il change de chaîne de manière déraisonnable (et de toute façon toujours avant le baiser final).

On peut s'énerver pour un rien : mon mari soutient qu'il laisse ses chaussures dans le couloir uniquement dans le but de me fournir une matière pour mes livres. Je soutiens pour ma part que je cuisine mal pour encourager en lui un parcours ascétique de renoncement aux plaisirs de la bouche. Les occasions sont infinies, parce qu'hommes et femmes fonctionnent différemment. « Je t'ai enfin trouvé un surnom » m'annonce mon mari, qui m'adresse un jour soudainement la parole sans qu'on le lui ait demandé au préalable.

Un frisson d'émotion me saisit : qui sait quelles merveilleuses syllabes son cœur lui a susurrées : « Ma chère et tendre, ma très mince, très élégante, très douce épouse » ? Un peu long mais je m'en contenterais.

« Gérondif !

— Comment, Gérondif ? Qu'est-ce que c'est que ce surnom ?

– En allant, en faisant, en passant par là, en conduisant... »

D'accord, je sais bien que, depuis des années, me demander ce que je peux faire tout en faisant autre chose est un réflexe pavlovien – « pendant que » est le leitmotiv de ma vie – mais, si j'avais le choix, j'aurais préféré comme petit nom quelque chose du genre « Reine de l'univers ou mon premier et mon ultime amour ».

Le problème est de devoir changer de mari pour m'entendre dire ces choses-là, puisque si je passe en lui glissant : « Et maintenant tu peux embrasser la mariée », il me répond : « C'est qui ? ». Le programme Romantisme 2.0 n'a pas été chargé dans son système, ni même Compliments 1.2. Cependant, il serait inapproprié de se vexer.

Inutile également d'essayer de changer les choses, car elles restent effectivement toujours les mêmes : en tant que femme, je pense qu'il est absolument normal de faire une sauce pendant la préparation des goûters et la prise de rendez-vous chez le pédiatre ou pour une interview – en notant l'adresse parfumée à l'oignon sur un jour pris au hasard dans le calendrier de la cuisine qui en est au mois de janvier alors que nous sommes en mars – et de séparer avec le pied deux querelleuses qui ont un besoin urgent du même doudou lapin au même moment.

Un homme procède à l'inverse avec une pensée tubulaire. Une chose à la fois. Une seule, pas nécessairement très complexe, probablement pas complexe du tout, sûrement bien faite mais une à la fois. Un homme dont le PC portable est cassé est seulement, exclusivement, ontologiquement et uniquement un homme dont l'ordinateur est cassé et tant qu'il ne l'a pas réparé, son cœur battra au rythme de cette chose bien aimée : il sera rigoureusement interdit de le déranger avec des questions domestiques telles que la guerre en Crimée, les bulletins de santé de la grand-tante ou de funestes retours d'invitations à dîner. La concentration masculine – bien que peu adaptée à une épouse-gérondif qui, dès qu'elle aperçoit son mari assis, pense pouvoir lui soumettre toutes les questions urgentes de la gestion familiale (y compris la décision impossible à remettre au lendemain du besoin ou non d'un cadre, conseillé par l'antiquaire, pour la lithographie de sainte Anne) – a un sens : elle conduit tout droit à la réparation de l'ordinateur, alors qu'une femme qui s'arrête pour sentir les roses au bord du chemin finira facilement par s'y perdre. Son ordinateur, si cela ne tenait qu'à elle, pourrait être rapidement recyclé comme plateau à café dès le premier incident, surtout si c'est un Mac book Air qui se prête assez bien à cet usage-là (les designers de la Silicon Valley seront contents, au moins, je les apprécie). Pendant ce temps, au sujet de la lithographie, elle aura pris rapidement la décision qu'il fallait.

D'après mon expérience, il y a une différence notable entre le fonctionnement des deux espèces, mais il est désormais clair depuis longtemps pour tout le monde, en tout cas pour ceux qui vivent sous mon toit, que je ne comprends vraiment rien aux hommes. Je ne suis sûre que d'une chose : un abîme de différences distingue les hommes et les femmes, nul besoin de lire de manuel à ce sujet.

Depuis des années, j'entends des femmes s'épancher. Enfant, dans les réunions de famille, je ne comprenais rien ou presque de ces demi-mots, de ces hochements de tête, de ces flèches et de ces remarques ironiques. En grandissant, j'ai accumulé avec mes amies une imposante quantité d'heures de conversations téléphoniques et au fil des années de partage sur notre vie sentimentalo-matrimoniale, j'ai affermi ma conviction que nous pouvons être parfois démesurément susceptibles et exigeantes. J'ai recueilli quantité de plaintes sur l'hygiène personnelle des hommes, sur leur manière de prendre leur verre pour boire, sur la quantité de temps passée devant l'ordinateur... Des anthologies complètes sur leurs manquements dans le domaine des tâches domestiques, des florilèges d'inefficacités, d'oublis, de carences. J'ai écouté l'émergence de doutes existentiels dramatiques – ai-je épousé le bon ? – seulement parce qu'il faisait du bruit en fermant les volets ou parce qu'il n'attachait pas le bébé dans la poussette (un homme normal ne peut apprendre qu'une norme de puériculture par an, résignons-nous, et maintenant qu'il sait mettre un body on ne parle de rien d'autre avant l'année prochaine).

Il est beau que la différence que nous avons le plus de mal à accepter est justement celle qui nous montre là où nous devons travailler sur nous-mêmes. Une chose nous blesse et ne nous incommode qu'en écho à une de nos fragilités. Alors, quand quelque chose t'irrite chez ton mari, commence par réfléchir sur toi-même.

Une de mes amies m'a dit que le jour de son mariage, elle a fait un pacte avec Dieu : qu'ils aillent au Ciel ensemble. Un lot unique, à prendre ou à laisser. Ils ont maintenant six enfants et je pense qu'ils y ont une place réservée. Et si ce n'est pas une tribune VIP, ça y ressemble.

L'épouse de Gudbrand...

Cher Pietro,

Voilà, je hisse le drapeau blanc. Je me rends et je te prends comme tu es, non parce que je m'en contente, mais parce que je veux commencer à découvrir, non seulement la beauté de ce qui nous unit, mais aussi celle de ce qui nous distingue. Je veux me laisser féconder par notre différence et je te promets que je ferai de mon mieux, non pas pour ne pas râler – soyons réalistes – mais pour le faire un peu moins. Je tournerai sept fois ma langue dans ma bouche avant de parler.

Je me fie à ta nature de gentilhomme et je suis certaine que tu n'en profiteras pas pour faire de mauvais coups, tels qu'inviter ton équipe de football sans prévenir le soir où j'ai cuisiné ma spécialité (le bouillon Kub), ou bien te procurer ce fauteuil massant qui occuperait les trois quarts de notre salon, ou encore acheter un « vidéo wall » sur lequel admirer le décolleté de la présentatrice de la chaîne sportive grandeur nature (mais elle ne met donc jamais de veste ?). Si cela devait arriver, je garderais mon sang froid et saurais réagir avec style.

Avec amour,

Anna

À la guerre comme à la guerre

ou Ce qu'est vraiment la virilité

Cela fait quelque temps que je dis à Alessia qu'elle devrait offrir un fusil de chasse à Francesco. Je sais bien qu'il n'a ni port d'arme ni velléités de chasser (si on admet qu'attraper une tartine aux olives sur le buffet d'un pot de thèse n'est pas considéré comme de la chasse au sens strict du terme), mais il serait intéressant de voir sa réaction, peut-être même son effroi, face à un cadeau si honteusement insensé. Qui sait, peut-être que ce fusil finirait par rallumer quelque chose entre eux ? Ils se traînent avec lassitude comme un couple fatigué d'être ensemble, las de travailler et d'affronter, non seulement les grands défis mais aussi les petits tracas du quotidien. Nul besoin d'événement spécial, car ce cadeau serait simplement l'occasion de rappeler à Francesco qu'il doit être… un homme.

Alessia n'écoutera évidemment jamais mon conseil – je suis habituée à donner des avis en pure perte – parce qu'elle pense au fond comme son mari. À l'instar de la plupart de nos contemporains, Francesco ne croit pas en Dieu, mais c'est un adepte de cette nouvelle religion bien dans l'air du temps : la dévotion stupide à Mère Nature ainsi qu'aux animaux, qui ont, comme chacun sait, « exactement la même valeur que nous» — c'est du moins ce que les textes ministériels prescrivent d'enseigner aux enfants dès l'école élémentaire. Malheureusement, j'ai peut-être un problème dû à un retard de développement mais je pense qu'un arbre est un arbre et non la voie d'une vérité plus essentielle sur mon être. La contemplation d'un troupeau de moutons ne me fournit pas non plus l'occasion de profondes réflexions - si ce n'est que les petites «billes» qu'ils laissent derrière eux s'encastrent dans les semelles des chaussures de mes enfants.

Quant à Francesco, il a beau être vaguement écologiste, à l'instar de tous nos contemporains, il ne sait pas distinguer un frêne d'un marronnier et il ne rapporterait certainement pas chez lui un lièvre dans sa gibecière, même si celui-ci, las de vivre, l'implorait de le tuer. Ayant vu peut-être trop de dessins animés, il appellerait *Bambi* tout chevreuil qu'il rencontrerait en forêt, à condition qu'il aille en forêt et qu'il lui arrive d'en voir un, en admettant encore qu'il lève les yeux de son téléphone portable. Du fait des dessins animés justement, nous nous faisons une représentation complètement absurde des animaux, nous les figurant comme des êtres anthropomorphes avec lesquels il serait possible de sympathiser, dans la tiédeur de notre canapé, alors que l'activité prédatrice la plus agressive à laquelle on puisse s'exercer est de scalper un paquet de chips.

Mais revenons à Francesco : je suis convaincue qu'une bonne journée de chasse lui ferait vraiment du bien. Il découvrirait ce que se lever quand il fait encore nuit veut dire, il chargerait son arme avec des vraies munitions, il tenterait de se faire obéir par un chien qui ne serait pas en peluche, il marcherait des heures dans le froid, il guetterait, il chercherait les traces du passage des animaux, il apprendrait la patience : pas de bar pour une pause café et pas d'écran « en attendant », pas non plus de portable, de toute façon, il n'y a pas de réseau au milieu du maquis à douze kilomètres de l'antenne la plus proche. Il serait obligé de garder les yeux ouverts et de lire des signes muets, d'écouter les bruits de la forêt, d'utiliser peut-être des sens et des muscles qu'il ne pensait pas posséder. Il apprendrait à jouer selon les règles de la nature : aimer la nature, c'est cela, ce n'est pas aller faire les courses au petit magasin bio où les myrtilles se vendent au prix du caviar. Il apprendrait à connaître les animaux et leurs secrets, et paradoxalement, en avoir tué quelques-uns les lui ferait aimer davantage que les bonnes âmes qui font tondre leur chienchien et leur mettent un petit manteau. Il se souviendrait alors que l'homme est le maître de la Création et que traiter la nature avec respect signifie aussi se mesurer à elle, en tout premier lieu. Évidemment, si Francesco, comme la quasi-totalité des hommes que je connais, était laissé seul dans un bois avec six fusils et treize cartouchières pleines, il en sortirait avec, au mieux, un panier de pommes sauvages car atteindre un animal en plein vol ou en pleine course n'est pas une mince affaire.

Soyons sérieux, je ne dis pas qu'un homme doit nécessairement être un chasseur pour être vraiment un homme. J'ai épousé un homme, un vrai, qui ne va pas à la chasse et auquel je n'ai jamais pensé offrir une arme, parce qu'il n'en a pas besoin. Je ne dis pas non plus que tous les chasseurs sont de vrais hommes et d'ailleurs, je ne le crois pas du tout. Mais Francesco, lui, devrait suivre un stage intensif, par exemple dix nuits de chasse au sanglier et quelques aubes à l'affût. Il lui faut un traitement d'attaque, car il ne sait plus ce qu'être un homme veut dire. Ou plutôt, il ne l'a jamais su, parce qu'il vit à une époque où tout le monde l'a oublié.

Être un homme, être viril, cela signifie avoir le courage de lutter et savoir combattre avec force, non pas tant pour attaquer, mais pour résister. Être viril, c'est avoir fondamentalement le courage d'encaisser les coups, être un bouclier pour défendre les personnes dont on est responsable. Être un homme veut dire être prêt à donner sa vie d'abord pour son épouse et pour sa famille, puis pour les personnes qui nous sont confiées et enfin accomplir notre mission en dehors de la maison. Être un homme, en revanche, n'a rien à voir avec la masculinité telle qu'elle est vulgairement entendue : si la puissance sexuelle est une réalité, certes positive, l'homme véritable est celui qui sait contrôler cette force, la canaliser et non la disperser.

Le gros problème, c'est qu'il est assez facile de trouver un homme prêt à mourir à la guerre par idéal, pour la gloire ou encore pour ses frères d'armes. Mais il y a peu de chances que cet homme soit attiré par l'idée de mourir pour sa famille, pour son épouse, pour ses enfants, pour un quotidien apparemment banal, alors que paradoxalement, ce serait cela l'action la plus héroïque que l'on puisse imaginer : ce n'est pas le *beau geste* d'un instant, mais un martyre, une passion longue, constante et incroyablement féconde. Il est difficile pour un homme de voir la beauté de ce quotidien généralement constitué d'une série de responsabilités, d'embêtements, de contretemps et de frustrations. Il suffirait pourtant de prendre un peu de hauteur et de regarder l'horizon de l'éternité pour que l'ornière ingrate apparaisse comme un chemin audacieux et original.

À notre époque, sans véritable guerre à livrer sur un champ de bataille, la vie se donne au jour le jour, en étant solide et fidèle au poste de combat. Le choix d'être héroïque dans un quotidien banal a encore plus de valeur, justement parce que c'est un choix libre. Le fait de ne pas ramper le visage dans la boue, de ne pas être dans une tranchée glacée ne signifie pas qu'il n'y a pas une vie à donner et une grande bataille à mener.

Francesco n'est pas décidé à le faire, mais à sa décharge, je dois dire qu'aucun maître ne le lui a enseigné et qu'il n'a eu autour de lui aucun exemple dont il puisse s'inspirer. Depuis je ne sais combien d'années, sa femme et lui temporisent : ils n'ont pas voulu d'enfants car ils attendaient le « moment opportun », les « conditions favorables » pour changer de vie, peut-être aussi de travail et probablement de monture de lunettes, mais je ne sais plus trop dans quel ordre. Il s'illusionne à l'idée d'un futur qui devra nécessairement être formidable, grâce, j'imagine, à un revirement soudain du sort, bien qu'il ne fasse rien pour le faire advenir. Dans l'attente de pouvoir déployer ses ailes qu'il croit maintenant atrophiées, il est incapable de vivre avec amour et dévouement ce qui lui arrive aujourd'hui.

Lors de nos conversations, quand j'expose mes opinions de manière vive et tranchée, il me répond avec la même maxime molle : « Tu vois les choses comme ça, moi je les vois différemment, mais aucune position n'est meilleure que l'autre. » À force de changer de point de vue, de position, de perspective et d'angle, peut-être que lui-même et ses semblables ont fini par perdre le sens de l'orientation et les points cardinaux.

Homme. Femme. Grand. Petit. Éternel. Passager.

Des gens qui vivent au rabais il y en a beaucoup, et je ne voudrais pas sembler m'acharner sur mes amis. Pitié, moi aussi parfois, j'aime la médiocrité. Dès que je le peux, je m'y abandonne, mais je ne vais pas m'étaler ici en détails sur la coupe atroce de ma robe de chambre, lorsque j'écris jusqu'au petit matin. Pourquoi Debbie Reynolds dans *Singing in the rain* est-elle si fraîche, si pimpante et si merveilleuse quand elle découvre l'aube en regardant par la fenêtre et qu'elle commence à fredonner *Good morning* avec une grâce exquise ? Ce n'est pas clair. Quant à moi, la vue de l'aurore me donne des pensées peu glorieuses sur la façon d'éviter d'aller travailler (peut-être me tirer une balle dans la main, comme les paysans qui, en temps de guerre, ne pouvaient se permettre de quitter les champs pour rejoindre le front, ou bien me briser un membre dans la porte du lave-vaisselle, solution plus pratique quand on n'a pas de revolver chez soi). Quoi qu'il en soit, je me suis faite à l'idée que je ne peux pas vivre au rabais pour la bonne et simple raison que le fait d'avoir une famille m'en empêche. Il y a toujours un enfant qui t'interdit de prendre tes aises, en te réveillant par exemple à sept heures et quart le dimanche matin pour t'annoncer en avant-première qu'il a rédigé son testament (« Tous mes jouets vont à l'Association des reliques de personnes célèbres ») et pendant que tu te rendors, un autre arrive pour t'informer qu'une de ses sœurs l'a traité de cochon. Tu voudrais alors donner raison à un enfant au hasard, être incroyablement lâche et offrir des récompenses en argent, voire des substances illicites, pour pouvoir dormir seize minutes de plus, mais il n'y a plus rien à faire, ils sont désormais réveillés et ils ont besoin de toi.

On sait d'ailleurs que les façons de se réveiller diffèrent beaucoup entre adultes et enfants : un « lutin » de moins de douze ans est capable, dès qu'il met un pied au sol, de retrouver un morceau de réglisse plein de poussière sous le lit, de sautiller vers la salle de bain et de faire tomber le verre à dent tout en chantonnant : « Ah vous dirais-je maman ! », tout cela dans les deux premières minutes et onze secondes de la journée. Alors qu'une personne de plus de quarante ans passe déjà une demi-heure à mettre la main sur ses lunettes que les enfants ont fait tomber derrière la table de chevet, à trouver le chemin de la cuisine en titubant et enfin à mettre la cafetière sur le feu, sans eau dedans, pour ensuite la fixer des yeux, émerveillée par le jeu vivace des bleus de la flamme, jusqu'à ce qu'une odeur familière de brûlé lui parvienne jusqu'aux narines pour lui dire qu'une nouvelle journée a commencé et que dix-huit heures merveilleuses de travail courent vers elle à bras ouverts. L'adulte entamera sa journée en constatant dès les premières minutes du matin son inadaptation et cherchera en vain avec une voix rauque à donner des réponses cohérentes à des rafales de questions théologiques (« Mais si Filippo n'a pas fait sa communion, comment a-t-il pu rentrer en seconde ? »), métaphysiques (« C'est drôle, pouquoi est-ce que je suis né le même jour que mon anniversaire ? »), sociologiques (« Si on ne s'habille pas en rose, est-ce qu'on est quand même élégante ? »). En ce qui me concerne, si je ne travaillais pas, je n'articulerais que quelques mots décousus avant midi tout en sachant que, quand je serais prête à parler, un peu plus tard, personne ne voudrait plus m'écouter.

Les enfants te convertissent parce qu'ils tuent le dragon de ton égoïsme. Malgré toi, ils te privent de presque toutes les tentations auxquelles tu succomberais si volontiers et ils font émerger tout ce qui en toi a besoin d'être guéri. C'est pourquoi je dis toujours à tous mes amis d'en faire, des enfants, ou au moins, de se laisser la possibilité d'en accueillir. Je le dis à plus forte raison à Francesco qui traîne une relation sans accueil ni amour et qui ne met ni passion ni sérieux dans rien, pas même dans son travail. En pratique, comme beaucoup de personnes, il est dans ce que mon père spirituel appelle l'équivoque de la troisième voie.

Dans l'une des premières catéchèses chrétiennes, la *Didache*, deux voies sont décrites : celle du bien (la lumière et la vie) et celle du mal (les ténèbres et la mort). Soit nous sommes sur la première et, bien que nous tombions et que nous nous trompions, nous cherchons à faire le bien, soit nous sommes sur la seconde. La troisième n'existe pas. C'est une illusion. Ainsi, celles et ceux qui essaient de l'emprunter souffrent. En effet, de nombreuses personnes, qui ne cherchent pas consciemment le mal, et qui ne se lancent pas complètement sur le chemin du mal, finissent par se comporter plus ou moins bien. Elles entrevoient ce bien et elles n'ont pas le courage de le trahir complètement. Néanmoins, ces personnes n'embrassent pas totalement le bien, pas avec force, et se laissent happer par leur quotidien : elles n'ont ainsi pas la joie de savoir ce qu'elles font et de le faire librement et consciemment. C'est parce qu'elles vivent sans Dieu, sans foi, sans un héritage à défendre et sans la grâce pour le faire.

Dans cette troisième voie, on se débrouille mais on se sent mal parce qu'en réalité c'est une voie qui n'existe pas. Alors on double par la droite, en klaxonnant à fond – quelle culpabilité ? –, puis par la gauche pied au plancher – ma carrière ! – et on risque en permanence d'être tamponné, doublé et écrasé.

C'est une torture de vivre ainsi, mais beaucoup de personnes le font sans même s'en rendre compte et vivent à contrecœur, sans joie, sans l'avoir choisi librement et surtout, sans l'aide d'une vie de foi qui illuminerait leur fatigue de chaque jour.

Certes, Francesco ne trompe pas sa femme tous les soirs avec une femme différente, mais il n'accepte pas non plus de mourir pour elle, d'être vraiment son époux en lui donnant sa vie et en la donnant avec elle. Il ne fait peut-être pas de choses terriblement malhonnêtes, mais il accepte beaucoup de compromis pour faire des tout petits pas vers de tristes avancements professionnels. Et en économisant toujours son énergie (c'est son grand principe). C'est un homme sur le plan biologique, mais il ne remplit pas sa vocation en devenant vraiment un homme viril.

Plus encore que pour la femme, la tentation de vivre au rabais surgit presque immédiatement chez l'homme qui n'accepte pas de mourir : l'homme qui n'a ni la conscience ni le désir de sa propre grandeur finit rapidement, bien avant sa compagne, par vivre avec un moteur réglé au minimum. Il suffit d'un rien pour que l'homme, créature éminemment simple, qui tend naturellement vers le confort maximal pour sa propre vie, ne trahisse cet appel à se donner. Levez la main si vous n'avez pas entrevu dans les exemples masculins de votre entourage cette propension aigüe au relâchement (que nous devrions parfois imiter, nous les femmes, mais c'est une autre affaire), un amour prononcé pour le canapé, un lien affectif très fort avec toutes sortes de gadgets, tablettes et iQuelquechose... En somme avec n'importe quel machin technologique qui leur permet de s'extraire d'environnements désagréables. Dans certains cas, je l'admets, le contexte domestique n'est pas particulièrement fascinant : vers sept heures du soir résonnent dans l'air des cris dus aux séances de tirs aux buts dans le couloir. Malheureusement, quand il s'agit de résoudre ces conflits, nous n'avons ni caméras ni arbitre fédéral, alors la méthode adoptée est la seule permettant de baisser de cinq décibels le volume sonore de la maison : donner raison à l'enfant le plus susceptible, méthode dont je ne trouve curieusement pas de trace dans la noble tradition juridique italienne que nous devons au droit romain.

En général, lorsque retentissent des appels à la collaboration, l'homme prend rapidement un air très occupé, il peut éventuellement donner un coup de main, mais il doit être clair qu'il était là seulement de passage. Inutile de pinailler et de lui rappeler que c'est aussi chez lui. Inutile aussi de préciser que les invités ont déjà sonné et que ce n'est pas la peine qu'il répare la plinthe maintenant : « Il faut juste deux clous » qui sont sûrement quelque part, peut-être dans la troisième des trois caisses à outils qu'il ouvrira au milieu du salon pendant que vous, qui auriez juste voulu qu'il mette les verres sur la table, hésitez entre faire

« décuire » les pâtes trop cuites, laisser brûler le roast-beef ou vous présenter à la porte avec votre chemisier blanc taché de myrtilles (qui sait pourquoi vous avez mis ce chemisier ; vous n'êtes pas un chef étoilé juste parce que pour une fois vous ne faites pas une omelette pour le dîner).

Je dois reconnaître que les tentatives personnelles de Francesco pour se tenir à distance ont de sérieuses circonstances atténuantes : Alessia prétend non seulement qu'ils doivent partager les tâches domestiques à parts égales, mais en plus, elle veut que son mari fasse les choses comme elle, parce que, bien sûr, insérer un petit pull en cachemire dans la machine à laver (ce qui lui a valu de rétrécir de quatre tailles) ou mixer des légumes en catapultant des traces de courgettes jusqu'au lampadaire sont des conduites qui peuvent susciter quelques remarques acides, même de la part d'une épouse dotée d'a priori très positifs sur son mari. Le problème est que Francesco ne devrait pas être obligé de faire certaines choses.

Quand l'homme et la femme deviennent interchangeables, c'est l'homme qui disparaît. La femme déborde, se répand de manière envahissante, manipule, décide et gère. Du coup, l'homme prend la fuite. Il s'enfonce dans le silence ou alors il fait tout pour rester à l'extérieur de la maison, en s'inventant des courses à faire, des voyages d'affaires, des visites, des cours d'échecs, ou encore en se portant volontaire pour vidanger la fosse septique d'un lointain cousin.

Si Alessia commençait par se mettre en position de service envers Francesco – pas en position d'esclave évidemment mais de personne qui se donne librement – probablement qu'il lui viendrait aussi le désir de prendre sa part aux tâches quotidiennes.

Ce serait un beau cadeau pour accompagner le fusil de chasse. De chasse, j'insiste. Parce que comprendre le sens de la chasse présuppose de comprendre le statut de l'être humain et la nature de l'animal. Cela présuppose que l'homme reconnaît sa grandeur et sa prééminence parmi les créatures.

Un fusil de chasse, car je ne parle bien sûr pas de ces soi-disant soldats – des adultes, pas des garçons de douze ans – qui se retrouvent par dizaines de milliers dans toute l'Italie, le dimanche matin de bonne heure, en tenue de camouflage, pour mener des guerres imaginaires : ils vont tirer avec des fusils à billes (des armes ressemblant aux vraies mais à air comprimé) dans des forêts en bordures des villes, avec de fausses missions et de faux ennemis. Si la cause pour laquelle mourir, de surcroît dans le cadre d'un jeu, est fausse et que, après avoir enlevé sa tenue de camouflage, on retourne au bureau pour pouvoir payer l'ordinateur, la voiture ou la caméra, cela ne fonctionne pas et cela ne suffit pas pour apprendre à mener la vraie bataille.

On ne peut pas faire semblant de se battre, si on ne le fait pas vraiment chaque jour, humblement, à sa place ; cela ne tient pas, cela sent le faux, d'autant plus pour une génération qui n'a jamais eu à combattre afin d'obtenir quelque chose.

J'ai prévenu mes amis les plus chers qu'il faudrait me laisser mourir sereinement dans une maison de retraite, sans trop me déranger, quand je commencerai à donner des signes significatifs et irréversibles de vieillesse. Mais puisque je ne me sens pas encore prête pour les pantoufles en laine – bien que je ne cracherais pas sur l'idée d'avoir quelqu'un qui me fasse la cuisine, des petites soupes ou des compotes de pommes – je ne voudrais pas me laisser aller dès maintenant, comme une petite vieille, à la nostalgie d'un passé qui n'a jamais existé. La tendance des hommes à l'égoïsme et leur peu de passion pour le sacrifice ont toujours existé – on appelle cela le péché originel. Je ne crois pas que les paysans allaient gaiement se casser le dos dans les siècles passés et d'ailleurs, dès qu'ils ont pu, ils ont arrêté de le faire. Je ne voudrais pas exalter le passé comme un âge d'or du dévouement, de l'abnégation ou d'une moralité généralisée. Je crois que les gens étaient plus ou moins comme aujourd'hui, ni particulièrement enclins à l'ascèse, ni particulièrement mystiques, ni particulièrement heureux d'être fidèles à leur état de vie. Mais la vie en elle-même était incroyablement plus dure que maintenant (au moins ici, dans cette partie du monde). Les conditions de vie étaient spartiates, l'abondance de biens que l'on connaît n'existait pas, on ne vivait pas aussi vieux, la nourriture était un bien précieux et les gens ne revendiquaient pas des droits ou des privilèges. L'éventail des choix qui s'offraient à eux était considérablement réduit : disons que c'est l'impératif de survie, et non le développement personnel, qui dirigeait les existences. C'était la dureté objective de la vie, et non pas un choix, qui donnait sa raison d'être à une sorte de structure sociale, à une série de liens universellement reconnus qui n'étaient peut-être que formels dans certains cas, mais dont le respect protégeait les hommes. Et qui laissaient peu de place à l'idée de se laisser aller.

Aujourd'hui, grâce aussi à des conditions de vie plus faciles, nous refusons massivement l'idée de l'ascèse et la discipline qui va avec. On veut croire que les hommes sont naturellement bons et qu'ils vont choisir spontanément la voie la plus inconfortable ou la route la plus tortueuse, seulement parce qu'elle est la plus juste. En pratique, adieu le péché originel. On a oublié la loi divine qui seule pouvait nous conduire à la Grâce et à la Vérité.

La perte des références absolues permet au système – c'est sa barbarie sous-jacente – de transformer les hommes en troupeau de consommateurs (ou, en temps de crise, d'aspirants consommateurs) qui doivent gommer de leur horizon toute trace de souffrance et taire le scandale de la mort.

Ceci étant dit, c'est pour le moins ridicule qu'une personne telle que moi donne de grandes leçons sur la consommation. Je suis le rêve de tout responsable marketing ; une vendeuse héroïque est même parvenue à me vendre les sels de je ne sais quelle mer miraculeuse pour prendre un bain, alors que je ne possède pas de baignoire (après avoir tenté de toutes les manières possibles de m'agenouiller, de me recroqueviller et de m'envelopper dans le rideau de douche, après avoir essayé de les lancer en l'air pour qu'ils me retombent dessus, je les ai offerts à une collègue). Je ne stigmatiserai donc pas cet instinct déraisonnable de posséder des choses dont nous n'avons pas besoin.

Le fait est que l'homme, quelle que soit l'époque, fonctionne selon le principe du plaisir maximum. Il lui faut « seulement » déplacer le plaisir vers un niveau plus élevé. Et la vie dans le Christ est le plaisir le plus élevé, le plus sublime et le plus abondant. Le fait qu'Il soit vivant est la nouvelle qui change l'histoire. Je ne sais pas comment faire parvenir cette nouvelle à Francesco, un fusil ne suffira pas. Car, pour rencontrer le Christ, il faut être un vrai homme...

À la guerre...

Cher Francesco,

Ce n'est évidemment pas moi qui vais t'apprendre qu'être viril signifie prendre sur soi les coups et défendre avec force les personnes qui te sont confiées. Dans cette bataille, un fusil de chasse peut parfois être nécessaire. Si tu ne tires pas, il t'apprendra au moins que tu es le maître de la Création. Il pourrait aussi me servir si tu n'arrêtes pas de dire que tu ne veux pas ignorer ton côté féminin...

Je te promets que de la part de ce « Francesco nouveau », on acceptera, sans les souhaiter, des silences, des chemises mal rangées et des achats impulsifs. Au passage, je te rappelle discrètement que des éplucheurs d'ananas, nous en avons déjà trois.

Alessia

Oui, je le veux, mais... qu'as-tu dit ?

ou Cela vaut la peine de se marier

Maintenant que j'y pense, le fait que je donne des conseils sur la façon d'encourager les hommes à se marier est en fait bien peu crédible, mais c'est trop tard pour le dire à ma maison d'édition. Je ne saurais pas comment m'en sortir.

Je devrais révéler que j'ai tendu une sorte de piège au mien, de mari, en lui organisant un mariage léger et quelque peu suggéré. C'est vrai, je lui ai donné rendez-vous dans une petite église et oui, c'est vrai, nous avions suivi la préparation au mariage. Il aurait peut-être pu se douter de quelque chose à partir de ces deux éléments-là. Mais pour le reste – invités, liste, vêtements et voyage – j'ai tellement fait profil bas (pour tout vous dire, les bonbonnières c'est ma sœur qui les a cuites au four) qu'il était difficile de soupçonner quoique ce soit. Ce matin-là, en petit comité, j'ai commencé à lui poser de vagues question telles que : « Tu veux aller skier ? Tu veux que Jeff Buckley ait enfin la place qu'il mérite dans l'histoire de la musique ? Tu veux m'épouser ? Tu veux que la Roma gagne le championnat national ? » « Oui, ok, je le veux... C'était quoi, l'avant-dernière question ? »

J'ai consulté un ami qui est professeur de droit

canonique et qui m'a dit que le mariage est valide de toutes façons. Je m'en réjouis pour nos quatre enfants. À l'opposé, mon mari, interpelé sur le sujet, fait l'autruche et soutient qu'il n'a pas exactement dit qu'il m'aimerait et m'honorerait vraiment tous les jours de ma vie. Certains jours, oui... à la limite. Je me souvenais de quelque chose du genre « jusqu'à ce que la mort nous sépare » mais il certifie avoir entendu « tort » au lieu de « mort ». Dans ce cas, nous serions dans de beaux draps, puisqu'au fil des années, j'ai causé un certain nombre de torts à celui que j'aime pourtant éperdument.

Puis j'ai relu le livret du mariage et non, « jusqu'à ce que la mort nous sépare », je ne l'ai pas vraiment dit. C'est la formule utilisée par les protestants et c'est celle dont on se souvient, à cause des films (en général je dors pendant les projections, mais mon radar subconscient me fait ouvrir les yeux juste au moment du « oui »).

Quoi qu'il en soit, pour dire la vérité, je ne pense pas que la réserve de mon mari se manifeste uniquement dans son rapport à la parole. D'ailleurs, les mots sont le moyen d'expression qu'il utilise le moins, légèrement après le morse, les signaux lumineux et les fanions marins. En fait, il est là pour les enfants et moi de façon très concrète. Il est solide comme un rocher qui n'a pas grand besoin de s'agiter ni de parler beaucoup ; il suffit qu'il soit là. Et il est toujours là. Il est présent depuis le jour où nous nous sommes mariés, depuis que la grâce du sacrement irrigue notre vie, avec sa force qui renouvelle toutes choses.

En effet le sacrement a une puissance que nous ne pouvons même pas imaginer, parfois secrète et cachée. Il peut agir d'une manière que peut-être nous ne comprendrons que lorsque nous aurons rejoint notre patrie éternelle. Une puissance qui a pourtant besoin pour sa mise en œuvre de notre « oui » donné librement. Notre « oui » peut être timide et tâtonnant, notre choix peut être fait avec une conscience toute ridicule, mais Dieu, Lui, ne plaisante jamais. Et plus nous sommes sérieux et fidèles avec Lui, plus Il l'est avec nous et nous répond avec une fulgurance bouleversante et une générosité incomparable.

Si les gens savaient tout cela, il y aurait des files d'attentes devant les églises plutôt qu'un nombre de mariages en chute libre. En revanche, je connais beaucoup de femmes (et je parle des femmes parce que c'était à nous, avant de nous perdre, de prendre soin de la vocation de l'homme à l'amour) qui sont aujourd'hui vieilles filles (je refuse le mot célibataires) ou multi-divorcées, parce qu'elles ont brûlé leur vie et leur amour, derrière des chimères psychologisantes et pseudo-modernes du genre se trouver soi-même, suivre son propre instinct, guérir de ses blessures, se laisser guider par des signes, par le destin et par ces trucs de karma auxquels je ne comprends rien. Et le tout sans Dieu, qui serait pourtant le seul à pouvoir guérir, les aider à se trouver et à se réaliser. Depuis que les sciences humaines ont pris la pathologie clinique comme point de départ, comme donnée physiologique de base à partir de laquelle construire et étudier le modèle de l'individu, et comme toile de fond sur laquelle penser l'ensemble des phénomènes de société, le déclin de notre civilisation dans son ensemble a commencé.

On cherche en particulier partout et par tous les moyens à nier – il me semble que c'est la bataille du siècle – que le mariage entre un homme et une femme (ou la vie consacrée, qui est une façon encore plus intime et profonde d'épouser quelqu'un) correspond au désir profond du cœur humain. Chacun, même celui qui passe d'une histoire à une autre, même les défenseurs du droit au divorce et de la famille recomposée, désire au fond la beauté d'une union véritable et totale. Chaque histoire commence avec cette grande espérance de durer toujours, et l'unité vécue par moments atteste nécessairement cette promesse.

Dans le mariage, on commence, ou du moins on devrait commencer, par la question : « Qui suis-je et qui est l'autre ? », pour arriver – rapidement pour certains, après de nombreuses années de mariage pour d'autres – à comprendre que son époux est seulement humain et qu'il ne pourra jamais nous satisfaire pleinement. « Je ne suis pas moi, écrit Clive Staples Lewis, je suis seulement un rappel. Regarde. Regarde bien. Qui est-ce que je te rappelle ? »

Le mariage devient alors une aventure incroyable vers l'éternité, de laquelle l'autre, par sa beauté, est un rappel, le chemin que Dieu a choisi pour prendre soin de toi, pour t'aimer, mais aussi pour te faire traverser ce mystère qui est présent dans la vie de chacun : la croix. La croix est l'archétype de tout appel, y compris de l'appel au mariage, parce que l'amour, c'est aussi un deuil, un dégoût, une déception, une indifférence, une fatigue et une pesanteur, non pas à tolérer mais à embrasser.

Le problème est de convaincre un homme de la grandeur du choix du mariage et de le faire tomber amoureux de l'idée de mourir pour quelque chose d'apparemment si peu héroïque.

Parce que les femmes reconnaissent plus facilement ce désir de stabilité, quand elles ne l'ont pas étouffé sous des piles de magazines et de films farcis d'idéologie féministe. Par exemple, quand Robert Redford dit à Michelle Pfeiffer, qui rêve de le trouver tous les jours près d'elle à son réveil : « Jusqu'à présent tu m'as toujours trouvé, même si je ne sais pas comment tu as fait », elle lui répond : « Oui, mais j'ai besoin de savoir que la loi t'y oblige. » On dira que cet exemple ne compte pas car, soyons sérieux, qui dirait cela à Robert Redford ? (Un jour son doubleur est arrivé à la rédaction pour prêter sa voix à un documentaire. J'avais le dos tourné et j'ai entendu derrière moi : « Bonsoir, vous avez besoin de moi ? » En reconnaissant cette voix, j'ai eu un bref arrêt cardiaque, simplement en imaginant que c'était lui qui se tenait à un centimètre de moi. Hélas, il ne s'agissait que d'un vieux monsieur tout à fait normal, excellent doubleur à la voix céleste, mais dépourvu de mâchoire volontaire et de grains de beauté.)

Le problème, avec ou sans Robert, c'est qu'un homme peut être prêt à donner sa vie toute entière, comme je le disais, pour quelque chose d'héroïque, mais que le convaincre de mourir petit à petit est difficile. Il est compliqué de lui faire entrapercevoir l'héroïsme, la grandeur et l'anticonformisme qu'il y a dans la décision de se battre pour sa famille, de sauver le monde à petits pas, comme Monsieur Indestructible qui redeviendrait employé d'assurances, de mourir pour une femme humaine, très humaine (voire sous-humaine quand elle essaie de retirer de l'argent au guichet avec sa carte de parfumerie, ou qu'elle lui passe un coup de fil transocéanique depuis le dessous du canapé pour lui dire qu'il y a une chauve-souris dans la maison ; et en plus, c'était un papillon de nuit).

C'est pourquoi je voudrais tant que mes jeunes amis Matteo et Simona se marient, bien qu'ils soient fiancés depuis peu de temps et bien que je reconnaisse soutenir une fille un peu agaçante. En effet, c'est la seule personne que je connaisse personnellement, je veux dire à part les mannequins, qui porte si bien le jean blanc. Je sais qu'Inès de la Fressange considère que c'est un basique de la garde-robe d'une vraie dame, parce qu'il « va avec tout et qu'avec une veste à paillettes, il te fait entrer à l'Élysée », mais moi : a) je ne possède pas de veste à paillettes ; b) je ne reçois habituellement pas d'invitations venant de l'Élysée ; c) si j'en mettais un, j'aurais un effet garanti grosses-jambes-boudinées qui inciterait quiconque à me refuser n'importe quelle entrée, pas seulement celle de l'Élysée, mais aussi celle de la réunion Tupperware. Simona, elle, le porte avec beaucoup de classe.

Je ne sais pas lequel des deux ne se décide pas. Si c'est lui, parce qu'il a peur, justement, de ces fameuses ailes rognées et d'un choix définitif et immuable pour l'éternité. Ou bien si c'est elle, qui, bien qu'elle semble prête à se marier en théorie, a trop d'attentes. C'est effectivement une personne « à haut degré d'exigence », et je peux me permettre de le dire, puisque je suis, d'après mon mari, la personne dont l'exigence est la plus élevée au monde, et la plus intraitable (tout en n'en ayant pas l'air, selon la règle bien connue dite *Quand Harry rencontre Sally*).

C'est vrai, les femmes doivent toujours vérifier qu'elles ne peuvent pas ou qu'elles auraient pu, trouver un homme qui soit un peu plus... s'ensuit une longue liste d'adjectifs, au choix : profond, noble, spirituellement élevé, solide, brillant, beau, riche mais dignement désintéressé par l'argent, ambitieux, affectueux, fin psychologue, philosophe et aussi un peu plombier, stable et calme mais déterminé quand il le faut, fin connaisseur de la Bible, si possible en latin, mais aussi de la jeune génération de metteurs en scène contemporains, sportif, capable d'écouter, rude mais amoureux, ordonné mais créatif, un peu gastroentérologue mais pas hypocondriaque, amateur de littérature et d'art mais pratique et concret, menuisier et philologue, généreux mais responsable, homme de décision mais aussi de médiation, capable de se souvenir des dates et des détails des premiers rendez-vous mais aussi capable d'aller droit au but, capable de remarquer le nouveau vernis à ongles mais pas efféminé, attentionné avec les enfants mais avec autorité.

Je m'arrête là, mais seulement parce que j'ai des choses à faire : étant donné que c'est presque l'été, mon époux monotâche bien-aimé a décidé, dans une fièvre de bricolage, de réparer les skis (il fait environ trente degrés ici à Rome et il paraît qu'il ne va pas neiger) ! Je crois que mon conjoint livré à lui-même pourrait annihiler en quelques secondes mon travail méticuleux d'aménageuse de cagibi. J'ai appris à l'aimer non pas malgré cela, mais aussi pour cela, parce que sans son sens de la réalité expéditif, je serais perdue et abandonnée à mes propres névroses.

Ne le lui dites pas, mais je l'aime aussi quand j'ai l'impression de m'être mariée non pas avec une personne mais avec deux. Ou, pour être plus précise, avec les deux petits vieux du *Muppet Show* qui ont toujours un avis sur tout, un peu comme lui. Et la plupart du temps, il se peut qu'il ait raison.

La femme, c'est vrai, doit faire un chemin de conversion, pas pour renoncer à ses prétentions mais pour apprendre à faire fructifier ce qui existe déjà en elle, et à s'ancrer dans la réalité. L'homme, au contraire, a du mal à prendre un peu de hauteur et à percevoir la beauté et la grandeur de sa vocation.

Le mariage n'est souvent pas fondamental pour lui mais il le fait pour faire plaisir à une jolie femme dont il est tombé profondément amoureux. L'homme est capable d'être fidèle non pas par devoir, mais par plaisir, pour gagner un plaisir encore plus grand qui surgit quand il comprend qu'en sa femme, il y a le plaisir infini. Alors là, il est prêt à se faire tuer pour elle, qu'il sait unique au point d'en oublier toutes les autres.

Je suis convaincue que Matteo, à force de prières, de neuvaines et de subtiles pressions psychologiques (de ma part), se décidera à faire sa demande à Simona, qui est aussi très mûre spirituellement et qui ne transigera pas sur le fait que c'est à lui de faire cette demande. Et bien sûr, environ deux jours avant la date fatidique, il sera pris de doutes, toujours à cause de l'histoire du « haut degré d'exigence ».

Chesterton, fervent partisan du mariage, a écrit : « Mariages imprudents ? Eh bien dites-moi : où a-t-on vu dans le ciel ou sur la terre des mariages prudents ? Cela reviendrait au même de parler de suicides prudents ! » Il y a les variables humaines, les sentiments, les convictions, la décision et les doutes. Et l'un des doutes de Simona joue au tennis, a des épaules larges comme ma bibliothèque et est bronzé toute l'année : c'est son ex (je n'y peux rien si elle a un ex digne d'un scénario raté ou d'un écrivain paresseux : c'est la réalité qui n'est pas bien brillante, pas moi). J'ai essayé de lui expliquer qu'au moment de prendre une route définitive, toutes les autres peuvent soudain sembler merveilleusement attirantes, même les plus banales et même celles dont on a expérimenté l'incohérence.

Elle aussi, pourtant intelligente et cultivée, a grandi avec ce mythe de l'amour incandescent qui se consume et s'éteint dans le quotidien – « Il n'y a qu'un seul amour qui tienne : l'amour qui n'est pas partagé », dit, je crois, Jodie Foster dans *Ombres et Brouillard* – et je crois que cette idée farfelue et superficielle laisse des traces même chez les défenseurs les plus convaincus du mariage.

Rien d'original de la Genèse à nos jours : le diable, qui veut que nous allions vers la perdition éternelle de notre propre chef (sinon, cela n'en vaut pas la peine), cherche depuis quelques milliers d'années à convaincre l'homme que tout ce qui est bon pour lui, tout ce qui le fait vivre et s'épanouir, tout ce qui exalte ses potentialités, ses dons et ses talents, bref, tout ce qui lui donne le vrai bonheur, est très ennuyeux, laid, douloureux et fatigant.

Et puisqu'il est le prince de ce monde, ses idées sont répétées à l'envi par tout ce qui lui sert de caisse de résonance : la télévision, les journaux, le cinéma et presque l'intégralité des discours tenus par nos contemporains. Toute la communication et, hélas, l'information sont « émotionnelles », terme marketing s'il en est. Trouve toi-même – c'est le mantra – ta vraie liberté, ne te laisse pas contraindre par les institutions et par les schémas, fais ce que tu sens. « Lc mariage est une chose absurde : c'est comme si une personne qui a faim s'achetait tout le restaurant » dit un personnage de Renato Pozzetto, dans un duo avec Jack Lemmon : « N'avez-vous jamais été marié ?

— Une fois, mais je m'en suis libéré. Maintenant je

les loue. »

Évidemment, si tu ne la « sens » plus (c'est quoi, la sensation, dans une affaire si sérieuse ?) mets donc un terme à cette « relation ». Et puis après, tout le monde recommence, même les libertins les plus invétérés, à rechercher l'âme sœur, avec laquelle cette fois ce sera pour toujours, je le « sens ».

Malheureusement, d'un autre côté, il faut bien le reconnaître que ceux qui exaltent le mariage le font souvent en termes défraîchis et ternes, avec ces petites photos de familles reconnaissables à leurs mocassins et leurs tenues du dimanche, au point d'induire même chez l'auditeur acquis à la cause et profondément catholique le désir de prendre une toute autre route, voire de s'enfuir aux Caraïbes avec un mécanicien transsexuel aux longs cheveux platine, juste pour échapper à un accès de claustrophobie.

Difficile de trouver les mots montrant que la famille est un jeu destinés aux vrais durs, un défi fantastique et passionnant dans lequel il faut, parmi d'autres choses, continuer à se séduire et à rire beaucoup, même quand on fatigué. Parce qu'on fatigue, oui, mais l'amour n'a qu'une seule mesure : ce à quoi on est prêt à renoncer.

On dit que même en cas de divorce la blessure peut être dépassée, qu'il est bien pour les enfants d'avoir plusieurs maisons et de connaître les nouveaux compagnons de maman et papa, parce que nous sommes tous frères et que nous pouvons tous nous aimer. Mais les véritables liens de paternité et de maternité ont une puissance charnelle et viscérale, ils sont justement dits *de sang*, même dans le cas de l'adoption. Cet amour est un sentiment fort et violent, il est juste d'en être jaloux ; même Dieu est jaloux de nous, au point qu'Il s'est laissé tuer pour ne pas nous perdre.

Le point de départ, pour annihiler la famille, a été de « normaliser » le sexe, de le rendre le plus possible semblable à une forme d'activité physique sans lien aucun avec ce qui est inscrit au plus profondément de notre être : pureté et contamination, inviolabilité et profanation, selon les termes de Roger Scruton. Le désir détaché d'ancrages moraux est un état d'âme nouveau et extrêmement artificiel. C'est d'ailleurs ce que dit l'immortelle Sally à Harry, après qu'ils ont fait l'amour :

« Pourquoi te comportes-tu comme si tout avait changé ? lui demande-t-il.

– Parce que tout a changé. »

Le désir ne concerne pas simplement un corps mais une personne, qui possède un caractère, une conscience et une dimension transcendante : le vrai désir est compromettant et menaçant parce que c'est une supplication qui demande une réciprocité. Telle personne ne peut être substituée à aucune autre (c'est le contraire de la pornographie) et sur cette base profondément humaine se fonde le mariage. Il n'est pas un contrat de cohabitation mais un vœu d'unité.

Le fait d'avoir « libéré » le sexe de tant de liens, de résonances et d'implications et de l'avoir surtout séparé – par la contraception – de la possibilité d'accueillir la vie, a ôté au mariage son sens profond de rite de passage, en le rendant de moins en moins nécessaire, déterminant et unique. Il n'est désormais guère plus qu'un pacte qui ratifie le désir de rester ensemble, au moins quelque temps, éventuellement après une répétition générale. Une occasion pour faire la fête – qui parfois lui devient clairement un obstacle (« Nous devons mettre de l'argent de côté ») – et de toute façon, un accord plutôt privé dans lequel la reconnaissance de l'Église, de la société, des générations passées et futures est de plus en plus anodine.

En se mariant, Simona et Matteo, à l'inverse, pourraient pénétrer dans cette pièce secrète, là où se transmet la vie, avec ouverture et respect, parce que l'enjeu est très important. Pénétrer dans ce lieu sacré peut être fascinant, si tu y entres en enlevant tes chaussures, ou terrible, si tu y entres pour détruire. Mais on ne peut jamais dire que c'est un acte neutre : on doit se couvrir la tête, comme lorsqu'on entre dans un lieu de culte (d'accord dans nos églises, on entre maintenant en short et le portable à la main...). Celui qui y entre avec respect remet sa vie et celle des enfants qui pourraient arriver (mais qui pourraient aussi ne pas arriver) entre les mains de Dieu, qui ne trahit jamais notre confiance. Être ouverts à la vie, avec responsabilité mais disponibilité, nous garantit l'appui du Dieu très-haut et glorieux, pour lequel tout est possible. On entre alors dans une dynamique de confiance qui ôte toute crainte parce que nous sommes avec le *Todo Poderoso*, le Tout Puissant, comme dit mon amie Isabel.

La « liberté » sexuelle apparemment conquise a un prix très élevé et les enfants sont les premiers à le payer, car d'abord ils sont peu nombreux, et ensuite parce qu'ils jouissent d'une moindre sécurité et d'un moindre sentiment d'appartenance à une communauté organisée et dotée de points de repère stables. Ils évoluent dans une société qui n'est même plus liquide mais résolument atomisée, où les liens qui se dissolvaient ont définitivement disparu.

Pour la petite histoire, chez moi, on célèbre encore sept ou huit mariages par jour : les aventures des personnages de mes filles, qu'ils soient Barbie, princes, écureuils ou petites filles au nez rond se terminent toujours par une promesse solennelle de fidélité éternelle. En effet, les principaux protagonistes de l'histoire-type, si c'est l'heure du dîner et qu'il faut faire vite, sont au moins un mâle et une femelle (je sais, nous sommes un peu arriérés et politiquement incorrects mais chez nous, seuls un homme et une femme peuvent se marier) et « celui qui déclare », autrement dit le célébrant. Pas nécessairement un prêtre, car dans le cas d'un mariage entre une poule et un cheval ou entre deux dinosaures, le rite civil est admis, car – je sais, là aussi, nous sommes politiquement incorrects – les animaux n'ont pas d'âme spirituelle et immortelle. Toujours pour la petite histoire, je dois admettre que je ne suis parvenue à transmettre tout ce zèle matrimonial qu'à mes filles, car les garçons préfèrent tuer des gens par tous les moyens possibles – des petits soldats exterminés à coups de Legos, d'épées en bois, de fusils à billes et de jeux vidéos – et si j'interviens dans le jeu, je suis apostrophée par le terme « poupée », autrement dit, une fille à laquelle on peut dire au plus : « J'ai besoin de bière et d'informations fraîches » (mais ils se contentent de tartines de Nutella). Je révèle peut-être un secret trop intime, mais je voudrais dire qu'il y a des moments très privés où je reçois quand même des demandes en mariage. Où, si j'ai embrassé un de mes fils de manière trop tendre, je deviens la cause de rixes, généralement à coups de coussins au cri de « Bas les pattes de ma fiancée ! ».

On dit qu'un enfant dénué de pressions culturelles pourra un jour choisir son orientation sexuelle parmi plusieurs possibilités parce que, si vous ne le savez pas, il n'y en a pas que deux – comme vous êtes arriérés – mais cinq. Manifestement mon mari et moi sommes de cruels manipulateurs parce que les garçons et les filles chez nous ont des goûts, des attitudes, des aspirations et des capacités tellement différents qu'il me semble parfois impossible que ce soit moi qui les aie tous mis au monde (ces deux chasseurs de primes que j'entends comploter jusqu'à une heure avancée sont-ils de la même espèce ?).

C'est justement parce que c'est un garçon que Matteo doit demander à Simona de l'épouser ; parce qu'il faut du courage pour faire cela et que le courage est un trait masculin. Un homme doit savoir quand c'est le moment de faire le grand saut, de couper la corde et de prendre l'initiative.

Les deux fiancés ont aussi deux maisons dans lesquelles ils vivent seuls, et heureusement, ils résistent à la tentation de faire une tentative de cohabitation ; je crois qu'ils vivent cette période dans la chasteté, autre élément qui me fait espérer une clôture rapide du dossier (tant que je ne vois pas mes amis installés, je ne suis pas tranquille). Il est clair que la « liberté » sexuelle est une arme très dissuasive vis-à-vis du mariage, bien plus que la difficulté professionnelle, l'urgence de trouver un logement, la précarité ou la crise de foi. Comme disait Paul Newman qui a été marié toute sa vie à la même femme : « Pourquoi devrais-je m'acheter du lait quand je peux traire ma vache gratuitement ? » La formulation est un peu brutale mais dotée au fond d'une vraie sagesse.

Quant à la cohabitation à laquelle Simona a résisté – c'est à elle qu'en revient le mérite – c'est une révolution copernicienne par rapport au mariage : quand tu cohabites, tu restes tant que les choses vont bien. Tu luttes peut-être de toutes tes forces, tu te donnes sérieusement mais tu admets dès le départ l'existence d'un plan B : nul besoin d'aller devant le juge ou de payer des avocats.

Quand deux personnes se marient, elles ne sont plus seulement « elle » et « lui » mais une troisième entité, une seule entité. Cette troisième entité, les psychologues lui donnent plusieurs noms, mais, nous, les croyants, nous l'appelons « sacrement ». Il est réalisé par l'Esprit saint et enrichi par ses dons, qui sont l'amour, la joie, la paix, la patience, la bienveillance, la bonté, la douceur, la maîtrise de soi. Dieu accorde ces dons à tous les enfants qui les lui demandent et Il ne se contente pas de nous les envoyer, Il nous en inonde, non pas exclusivement pour elle ou pour lui, mais pour cette chose nouvelle qu'ils forment ensemble.

Comme je le disais au début, bien que je me fasse passer pour une fine conseillère, je ne sais pas du tout comment on fait pour convaincre un homme de se marier. J'y suis parvenue difficilement avec le mien et tous les arrangements que j'ai essayé d'opérer parmi mes amis ont misérablement échoué (alors que je suis une bonne conseillère d'amies dotées d'un homme, mais c'est seulement parce que j'ai déjà commis toutes leurs erreurs).

Comme toujours, je suis convaincue qu'en parler franchement n'est pas la bonne solution pour faire évoluer la situation : si Simona commence à parler à Matteo de son besoin de sécurité, il va mal le prendre.

Je pense qu'il est raisonnable de demander à l'homme de fixer une date, même lointaine, mais de la fixer : le fait d'avoir une échéance pour s'organiser ne le dérangera pas tellement, bien au contraire. Matteo, plus que Simona, est préoccupé par les aspects pratiques de l'entretien de la future famille. L'homme sent que des broutilles telles que le salaire et une maison où vivre reposent sur ses épaules, même s'ils sont deux à travailler, alors que je trouve, pour ma part, qu'un regard froid ou une parole désagréable sont plus alarmants que des charges de réfection de la façade ou autres travaux de la copropriété.

Matteo ne réfléchit peut-être pas assez au fait qu'il y a un temps pour tout et que, lorsque le temps est passé, il ne revient pas. Il a peut-être cru à la petite histoire des portes tournantes : ces occasions qui reviennent plusieurs fois dans la vie et qui nous mettent devant des carrefours toujours nouveaux et excitants. Peut-être pense-t-il que les choix que nous faisons sont comme une roue qui tourne et qui offre toujours de nouvelles opportunités, alors qu'ils sont plutôt à l'image des ramifications d'un arbre. Chaque choix – ou non choix – que nous faisons détermine la direction définitive que prend notre branche, et une fois que l'on s'est engagé sur une ramification, on ne peut plus revenir sur nos pas, comme le comprennent un peu tard les femmes qui regardent en arrière et découvrent que le temps de devenir mère est passé.

Pour guérir Matteo de son immaturité et de l'idée qu'il y a toujours à l'horizon un futur plein de possibilités, Simona pourrait lui offrir une horloge à balancier, désuète et bien sonore. Cela l'obligerait à la remonter, ce qui lui ferait prendre conscience des jours qui passent. L'engin ferait un tic-tac désagréable, surtout dans les moments de silence, peut-être même la nuit quand il cherche à se distraire en navigant sur la toile ou en regardant un petit film pas trop compliqué (l'idée que la distraction est quoi qu'il arrive nécessaire et bénéfique est encore une grande idiotie contemporaine et une autre victoire de Screwtape, le diable, comme l'appelle C. S. Lewis). Et elle pourrait accompagner ce cadeau d'une belle petite lettre.

...qu'as-tu dit ?

Cher Matteo,

Je voudrais te dire que je suis là, mais pas pour toujours. Tant que nous ne nous sommes pas promis un amour éternel, je peux toujours m'en aller. Je voudrais te dire que je me fais aussi belle que possible, pour toi. Oui, je sais, j'ai beau avoir toute la collection Essie de vernis rouges, tu ne t'en rends pas compte et même si je me mets un Top Coat Géranium sur les ongles pour me rendre irrésistible à tes yeux, à la question : « Tu ne remarques rien ? », tu me demanderas si je me suis coupé les cheveux.

Mais tu sais, je me fais belle pour toi aussi d'une autre manière. J'essaie de ne pas t'angoisser avec des problèmes inutiles, je me plains seulement avec mes amies et surtout je confie notre vrai bien dans la prière, à Dieu qui est en train d'ouvrir mon cœur, le préparant petit à petit à t'accueillir ainsi que les nouvelles vies qu'un jour nous mettrons peut-être en route. Écoute la pendule qui bat les heures et sache que dans la vie, le moment opportun ne vient qu'une fois. Et pardonne les bavures sur la carte. Je me mettais du vernis, d'ailleurs aujourd'hui c'est un Russian Roulette très distingué.

Avec amour, pas encore éternel,

Simona

J'ai dit « Dieu » et pas « Bio »

ou L'éducation doit avoir une fin élevée

Quand je vois Giuseppe avec ses filles, le voyant DON'T PANIC que j'essaie de garder allumé dans le lobe occipital antérieur de mon cerveau – il me suffit de fermer les yeux pour le voir – s'éteint et un gigantesque voyant PANIC commence à clignoter, ce qui ne m'arrive même pas quand je m'aperçois que je suis sortie avec des chaussettes dépareillées (je dois ici révéler un horrible secret, je porte parfois des mi-bas : nous voudrions toutes faire croire que nous portons toujours un porte-jarretelles mais sous un jean ce serait inhumain, oui oui, même pour Loulou de La Falaise). Ni quand le professeur principal me convoque. (J'ai accumulé combien de points-maman ? C'est bon, j'ai eu l'examen ? Et cette autre maman, là-bas, elle est meilleure que moi ? C'est clair qu'en cas de réponse affirmative je m'incline sportivement, mais je ne peux pas m'empêcher de souligner mentalement que l'autre est un peu petite et qu'elle a les hanches un tantinet épaisses) Ni même quand un enfant se plaint d'une forte douleur au cou (« Cela ne serait pas une méningite foudroyante ? » me demandé-je, avec mon sens de la mesure habituel. Mais en général, après un quart d'heure sur le canapé, le malade se relève, s'étire et déclare : « J'adore l'odeur du napalm tôt le matin. » J'en déduis qu'en fait, ce n'était pas une méningite, il avait juste lu une bande dessinée dans une mauvaise position).

Garder son calme. DON'T PANIC, toujours. Même quand un enfant vomit des spaghettis du haut du lit superposé, atteignant, par une trajectoire audacieuse, la boîte de Legos. Ou quand un jeune aspirant au suicide, décidant de montrer à son frère qu'il est grand et qu'il sait nager même sans brassards, plonge seul et sans préavis (il a coulé à pic ; il me semblait bien qu'il ne savait pas nager). Ou encore quand une olive se coince dans la gorge d'une enfant qui l'a volée avec sa petite main potelée (elle a raison, l'olive est meilleure que la bouillie à la purée d'agneau). Dans tous ces cas-là, une maman réussit à trouver une dose de force et de sang froid qu'elle ne soupçonnait pas, pour retourner l'enfant comme un lapin et lui donner des tapes dans le dos afin d'expulser l'olive, pour repêcher par les cheveux le plongeur intrépide et vérifier qu'il va bien avant de se laisser aller à une crise d'hystérie, ou pour ramasser les cadavres de spaghettis sans tourner de l'œil (en jurant qu'on n'en mangera plus jamais).

Mais quand je vois un père comme Giuseppe qui conduit de manière décidée, volontaire et convaincue l'éducation de ses filles vers le néant absolu, je ne ressens rien d'autre que de la panique : le voyant commence à clignoter et je me sens perdue. C'est le père qui doit indiquer le sens à ses enfants. Si un père se trompe de route et qu'il ne fait pas le père, alors qui pourra le faire à sa place ?

Disons d'emblée que, dès que je commence à lire ou à entendre une tirade sur l'« éducation aux valeurs », mon cerveau se ferme instantanément, un peu comme devant le tableau des éléments chimiques. Je ne comprends pas et je ne sais même pas ce que l'on entend par le mot « valeurs ».

En fait, c'est juste une mise en scène. La véritable éducation est vraiment un travail très difficile que seul Dieu peut accomplir avec nous dans la durée, avec sa grâce et notre collaboration : temps, fatigue, application, sacrifice et prière. Nous sommes faits de boue et une vie ne suffit pas pour nous laver et nous rendre présentables. Le maximum que les parents puissent obtenir, ce sont des comportements socialement acceptables. C'est pourquoi les discours sur l'éducation aux « valeurs », quoique très à la mode, me font mourir de rire. Ils me semblent aussi efficaces que les bracelets en caoutchouc « stop à la faim dans le monde » ou « non à la violence » (y a-t-il quelqu'un en faveur de la faim dans le monde ?), ou que certaines formes de protestation : mon fils, qui lisait l'histoire des Beatles, s'était convaincu de la radicalité de l'engagement de John Lennon contre la guerre dans l'unique but de passer beaucoup de temps au lit (il a été obligé de se lever pour mettre le couvert, une cause beaucoup moins noble, je m'en rends compte). Je suis aussi candidate pour protester de cette manière contre n'importe quel fléau, de l'extinction des chinchillas à l'inefficacité de la ligne ferroviaire adriatique. Je me porte volontaire pour dormir gratuitement en faveur de n'importe quelle bataille civique.

L'idée d'éduquer aux « valeurs » me fait rire parce que je pense que l'homme est fondamentalement mauvais (ce n'est pas moi qui le dis, c'est l'Évangile). C'est bien pour cela que Jésus dit : « Sans moi vous ne pouvez rien faire. » Il s'agit donc simplement d'être avec celui qui « sait ce qui est dans le cœur de l'homme et qui ne s'y fie pas », mais qui nous aime de toute façon, jusqu'à mourir pour nous.

À l'inverse, Giuseppe pense que son rôle de parent est de permettre à ses filles d'exprimer librement leurs potentialités, sans contraintes et sans pression, pour qu'elles soient libres de choisir un jour en quoi croire. Et jusque-là, on pourrait être d'accord : le défi éducatif pose toujours la question de la liberté de l'enfant. Or, d'après lui, croire en quelque chose et chercher à transmettre la bonne nouvelle à ses enfants signifierait léser leur liberté et leur droit à l'autodétermination. C'est une idée qui pourrait avoir un vague semblant de sens si l'homme était bon en lui-même, s'il n'avait pas besoin d'être préparé à un combat spirituel mené jusqu'à la dernière goutte de sang, s'il n'était pas toujours blessé et marqué jusque dans ses entrailles par le péché originel. Avant l'âge de dix ans environ, les enfants sont privés de sens moral autonome et les principes ne leur sont accessibles qu'à travers la possibilité d'une sanction. De petites punitions démonstratives, pour l'amour de Dieu ; pas de la maltraitance du tout, mais des signaux clairs (ni glace, ni petit jouet) qui permettent à l'enfant de respecter la règle, simplement parce que c'est dans son intérêt, avant qu'il soit assez grand pour l'intérioriser. À l'inverse, pour mes amis qui abhorrent l'idée d'être un guide, le parent n'est autre qu'un prestataire de services, qui prend en charge le côté sanitaire et la sustentation de l'enfant. Et à la limite, plus tard, un ami avec lequel on fait un bout de chemin.

Je crois que c'est ce qui explique l'obsession contemporaine des parents pour tout ce qui touche au médical, ou en tout cas à la dimension strictement biologique de la vie des enfants. Je ne dis pas qu'il faut atteindre mes excès (je réponds toujours au hasard sur les maladies qu'on eues mes enfants, puisque personne ne s'en souvient. Le seul espoir serait que leur tante hypocondriaque s'en rappelle, en tous cas moi, j'ai oublié), mais Giuseppe et encore plus sa femme ne laissent pas de m'étonner. Ils dissertent sur l'équilibre du système endocrinien à table, comme nous discuterions de toupies et ils ont une liste très précise de normes médico-physiques à respecter : je crois que leur idée du mal absolu se rapproche beaucoup d'une énorme portion de frites du Burger King (qui, laissez-moi vous le dire du haut de ma compétence de mère dissolue, sont bien meilleures que les frites de Mac Donald's) et très peu de la damnation éternelle (la seule chose que personnellement, je crains vraiment). Pour compenser leur désintérêt concernant le sort des âmes et la vie spirituelle de leurs enfants, mes amis se préoccupent beaucoup de leur condition physique immédiate : la moindre toux ou petite tache sur la peau est contrôlée, l'après-midi est occupée par une activité saine et stimulante et chaque repas passe devant une commission d'examen.

D'accord, je sais qu'en ce qui concerne la consommation de légumes de mes enfants, je pourrais mieux faire : disons qu'à l'heure des repas, je crains l'irruption d'un moment à l'autre des hommes armés de la *Food and Drug Administration,* qui ne se contenteraient probablement pas des deux ou trois minestrones hebdomadaires que j'administre, lesquels, il faut le savoir, me valent des bras de fer exténuants, au point que mes enfants ont décidé de réécrire la Constitution italienne. L'objectif final, disent-ils, est un référendum abrogatif de leur ennemi juré : la courgette. Voici leurs premiers articles : 1. Cette maison est une démocratie fondée sur les enfants ; 2. Cette maison proscrit la purée de légumes comme instrument de torture et source de conflits ; 3. Les devoirs sont assimilés à du travail au noir et en conséquence déclarés illégaux.

Étant donné que notre maison n'est pas une démocratie, encore moins fondée sur les enfants, cette nouvelle Charte n'est pas à la veille d'être promulguée, mais il est vrai que l'on voit ici peu de sourires devant un plat de brocolis. Je confesse qu'un jour, j'ai obligé ma fille Lavinia à manger une poire. J'ai bien conscience d'être un monstre d'insensibilité et je sais que cette horrible expérience la marquera d'une façon indélébile. Pour me dire tout son dédain, cette pauvre enfant de quatre ans m'a regardé droit dans les yeux et a déclaré : « Mais alors, tu es bio ! » À la maison en effet, « biologique » est synonyme des pires atrocités, parce que les amis biologiques mangent habituellement d'infâmes caramels au miel (chez nous pour que le bonbon soit homologué, il faut qu'il soit chargé de colorants et de conservateurs), ils organisent des après-midis dégustation de bettes (vous savez ce légume-feuille), ils portent des vêtements en coton responsable avec des dessins bariolés et ils jouent avec des petits éléphants en bois et des tambourins jusqu'à l'âge de passer directement au premier joint (une caractéristique de l'enfant élevé au bio, selon ces principes, est que dès qu'il est livré à lui-même, c'est un festival : quand ils viennent chez nous, ce sont clairement eux les consommateurs les plus effrénés de cochonneries).

En revanche, mon leitmotiv, concernant les préoccupations médicales, est la pratique de la politique de l'autruche, résumée ainsi : « Si tu passes des examens, on te trouvera toujours quelque chose qui ne va pas ; alors, ne fais rien et tout ira très bien ». Dans le doute, j'ai toujours dans mon sac, à côté des produits de première nécessité comme l'*Eau de beauté* de Caudalie et les pansements, une petite bouteille d'huile bénite rapportée de Lorette, là où nous allons chaque année nous confier : Notre-Dame, Secours des malades, a toujours réglé nos ennuis de santé jusqu'à présent.

Comme j'ai tout de même un brin de conscience, je sais que je ne peux pas appliquer cette politique de l'autruche à nos enfants, alors en ce qui les concerne, je me fie à une pédiatre très lucide, très claire et très calme, qui n'est jamais inquiète mais qui garde tout sous contrôle. J'exécute soigneusement tout ce qu'elle me dit car je n'ai rien contre la médecine traditionnelle (je sais qu'elle a des effets indésirables mais il me suffit largement qu'elle guérisse). Je ne me pose pas de questions, je n'interroge personne, je ne consulte pas d'autres médecins, je ne fais aucune recherche sur internet, parce qu'à chaque fois que je tape le nom d'une maladie sur Google, je découvre que je l'ai (d'ailleurs, je les ai toutes sauf peut-être le cancer de la prostate et encore, je dis bien peut-être).

J'ai un tas d'amies qui, à l'inverse, gardent leur médecin traitant « seulement pour les urgences », mais qui, pour tout le reste, vont chez de grands pontes très onéreux qui leur prescrivent tout un tas d'examens, juste afin de montrer qu'ils n'ont pas volé leur argent (je note aussi chez ces praticiens une fréquente disposition à conseiller des interventions chirurgicales, lesquelles seront naturellement plus sûres si elles sont effectuées dans une clinique privée). Deux avis médicaux, par définition, sont toujours contradictoires et fournissent ainsi aux parents un matériel anxiogène sans cesse renouvelé, qui leur offre la sensation de faire des choses pour leurs enfants. Enfants qui, bien que parfaitement nourris et irréprochablement soignés, deviennent rapidement incontrôlables et insatisfaits. En effet, prendre soin exclusivement du corps d'un enfant, c'est oublier deux dimensions aussi fondamentales : son âme et son esprit ! D'ailleurs, les choses ne s'améliorent pas quand le rejeton grandit : les parents continuent à lui donner le seul soin qu'ils maîtrisent et qui est exclusivement biologique, le considérant ainsi toujours un peu comme un enfant et non comme un jeune homme ou une jeune femme qui prend en main sa liberté et qui décide comment, ou mieux, pour qui, en faire usage.

Mais comment dire à un père de faire le père, s'il n'y arrive pas tout seul ? Il est connu que les oreilles d'un homme se ferment hermétiquement dès qu'une femme tente de lui donner des conseils, surtout s'il se trouve par le plus grand des hasards que cette femme est son épouse.

Valeria, toi qui parles ma langue, la langue des femmes, je dois vraiment te le dire : il y a beaucoup de choses que tu peux faire pour laisser éclore le père qui est en Giuseppe, ton mari. D'abord, tu pourrais arrêter de lui en vouloir à chaque fois qu'il est devant l'ordinateur, qu'il regarde la télévision ou qu'il manipule quelque chose de technologique, car nous savons toutes que c'est le mode de détente préféré de la quasi-totalité des personnes de sexe masculin. Autrefois, j'aurais aimé avoir quelques explications concernant de cette attraction inexplicable, mais j'ai renoncé à comprendre. Je vis sereinement avec cette différence entre mon mari et moi. Ainsi, quand nous rencontrons une amie qui nous dit : « Je me suis disputée avec Paolo et je n'ai pas réussi à l'appeler parce que mon iPhone est cassé », je m'écrie, angoissée : « Non, tu t'es disputée avec Paolo ? » à l'instant même où mon mari s'exclame : « Non, ton iPhone est cassé ? »

Question de priorité.

Quoi qu'il en soit, Valeria, si ton mari s'évade de temps en temps, peu importe par quel moyen, tu dois cesser de le culpabiliser et au contraire te mettre parfois au diapason. Dieu lui-même s'est reposé le septième jour, alors fais de même. Cesse de mesurer avec la balance vos contributions respectives à la gestion de la maison. Cesse de mesurer tout ce qui vient de lui, si c'est plus ou moins, mieux ou moins bien que ce que tu fais toi. En agissant ainsi, tu ne le respectes pas et tu n'inculques pas à tes enfants le respect de leur père. Ne le critique jamais devant eux, n'essaie pas de les gagner à ta cause car la vôtre, en tant que parents, doit toujours être commune. Défends son droit à être différent de toi et si les enfants lui sautent dessus quand il rentre du travail, tâche de leur apprendre que papa n'est pas allé se dorer la pilule au soleil sous un cocotier et qu'il a besoin de repos, parce qu'il ne peut pas passer d'une activité à une autre comme maman, qui est en contrepartie un peu fragile nerveusement et fera probablement bientôt un infarctus (qui la forcera à ralentir... ce qui serait mieux pour tout le monde). D'autre part, on ne peut pas traire papa sans arrêt comme maman, laquelle est pour les enfants, c'est bien connu, une extension de leur propre corps : un être complètement dépourvu de besoins personnels (elle retrouve néanmoins actuellement le droit de se mettre au lit quand elle a de la fièvre, après plusieurs années pendant lesquelles elle s'est traînée, quand elle était malade, d'une chambre d'enfant à l'autre, titubant et s'appuyant aux murs ; années où elle s'endormait en essayant un coussin pour la nuque dans un magasin, sur le fauteuil du dentiste ou pendant le shampoing chez le coiffeur).

Pour qu'il commence à prendre des décisions concernant également les enfants, il ne faut pas lui dire : « Tu dois dire à Ludovica qu'elle ne doit plus faire ainsi. » Ce serait beaucoup mieux de lui glisser : « Ludovica se comporte comme ceci » (c'est vrai, il ne s'en est pas rendu compte, c'est vrai, il est distrait, c'est vrai, il semble qu'il n'y ait pas accordé grande importance, mais c'est pour cela que tu es à ses côtés) et d'ajouter ensuite : « Tu en penses quoi ? Qu'est-ce qu'on pourrait faire ? » Le bon père a la lucidité qu'il faut pour prendre la juste décision, parce qu'il est moins impliqué émotionnellement, il ne voit pas des dangers partout et il a le courage d'affronter des défis, même pour ses enfants.

En revanche, une des techniques préférées de Giuseppe est de rester dans le vague, parce qu'il déteste décider, ce qui est une tare assez répandue parmi les mâles contemporains. Celui qui ne décide pas souffre ensuite particulièrement des décisions d'autrui et de ses propres vides qui sont comblés par quelqu'un d'autre, un peu comme s'il se faisait exproprier d'un territoire laissé en friche. Le seul moyen de l'inciter à prendre des décisions est de faire le mur de caoutchouc : ne pas trouver de réponses à sa place, ne pas combler ses lacunes et toujours lui renvoyer la question. Non pas comme un défi mais avec le réel désir d'écouter sa réponse et, tu dois me le promettre, de l'accueillir.

Si ton mari ne répond pas comme tu avais pensé qu'il le ferait, chère Valeria, ce n'est pas parce qu'il se trompe. Tu dois me promettre que tu écouteras vraiment ce qu'il dira, en essayant de taire toutes les objections qui te viendront à la bouche. Il te faudra dire « oui » à ses avis sur votre maison, vos enfants et avoir confiance en sa manière irréductiblement différente d'agir sur le monde. Ta loyauté l'émouvra. Et tu sais quoi ? Si pour une fois, les choses ne sont pas faites comme tu veux, il ne se passera rien : est-ce que tu te souviens quand tu ne te sentais vraiment pas bien ? Tu as lâché la bride et le monde ne s'est pas arrêté de tourner un seul instant. Tu pourrais aussi te rendre compte qu'il avait raison et, si jamais il avait tort, ton obéissance aura été de toute façon un acte de maîtrise de toi-même, de volonté et d'amour à son égard. Je crois que les premières fois que tu lui donneras raison, Giuseppe se sentira mal et se demandera d'un air soupçonneux ce que cela signifie. Il commencera à avoir peur que tu lui caches quelque chose de terrible, un amant par exemple, que tu aies décidé de le quitter ou pire, que tu aies abimé son coffret de disques de Nick Drake. Ce sera difficile de le convaincre que tu veux seulement lui faire confiance, un beau spectacle pour les enfants et un beau défi pour lui, qui sera ainsi obligé la fois suivante de se poser la question sur la signification d'être père. Je sais personnellement ce que veut dire être mère (avoir besoin de beaucoup sommeil) mais je ne suis pas capable de dire ce que c'est qu'être père.

Les guides qui encombrent les étagères des librairies du monde entier ne sont absolument pas nécessaires. Ils regorgent de modes d'emploi supposés aider à optimiser les performances (on se demande bien comment l'humanité a fait pour s'en passer pendant des milliers d'années). Ils sont inutiles car ce que doivent faire les parents n'est pas du domaine de la technique. Il n'y a aucune compétence à acquérir, à l'exception de quelques principes fondamentaux assez intuitifs : ne pas tremper la tétine dans la boue avant de l'enfiler dans la bouche d'un nouveau-né, l'allaiter si possible au sein ou sinon, ne pas mettre de ratafia dans le biberon, ne pas encourager des électriciens en herbe à couper les fils électriques avec les ciseaux, ni à jeter les radiateurs d'appoint dans la baignoire où barbotent leurs sœurs. Et enfin, leur envoyer très rapidement les signaux qui indiquent de façon définitive et cohérente qui prend les décisions à la maison : celui qui commande, c'est celui qui est capable de comprendre ce qui est bon pour tous (donc pas un bambin de deux ans) et qui est disposé à servir jusqu'à mourir, c'est-à-dire le père.

Mystérieusement, la plupart de ces manuels limitent le champ d'action à la période de l'enfance, comme si, une fois terminé le temps de la sollicitude purement physiologique, les parents avaient fini leur travail et comme si ne commençait pas ensuite le défi le plus captivant : avoir un adolescent à la maison, ce qui est un test particulièrement sévère de la cohérence de notre vie.

La consolation, dans la difficulté de notre tâche, vient du fait que nous ne nous donnons pas la vie nous-mêmes, mais qu'elle nous est donnée par Dieu et c'est à lui que nous devons la remettre. Les enfants qui nous sont confiés ne sont pas le fruit de nos efforts, du contrôle que nous serions parvenus à exercer sur eux ou des techniques que nous aurions apprises dans les manuels.

Giuseppe, par exemple, est un consommateur compulsif de ces petits modes d'emploi sur les enfants. Il faut bien reconnaître qu'il s'investit avec beaucoup de sincérité dans son rôle, à tel point qu'il en a fait sa seule mission. C'est pour cela qu'après avoir passé un concours qui lui a permis d'obtenir un poste fixe qu'il n'aime pas, mais qui est hyper sécurisé, il a revêtu, résigné, son costume de grisaille (jusqu'alors utilisé uniquement lorsqu'il était invité à des mariages) et tous les matins, il franchit héroïquement le portillon automatique qui le mène à son travail. Ses deux filles sont les seules choses qui réveillent un peu son enthousiasme et lui permettent de se projeter vers l'avenir. Elles seront le verdict de sa réussite personnelle. Quant à Valeria, elle s'est donnée avec un zèle missionnaire à sa fonction maternelle qui l'a totalement absorbée (je vous en prie, dites-moi que je n'étais pas comme cela, capable de parler pendant des heures de la consistance de la dernière couche changée et plus tard, du bulletin scolaire, avec bien sûr toutes les observations nécessaires sur l'incapacité de la maîtresse à évaluer pleinement les potentialités de mes enfants).

Cette façon de faire, ce plongeon sans bouée dans l'océan de la « parentalité », est complètement dans l'air du temps. Elle explique la prolifération de blogs, de sites et de livres qui parlent de l'effet incroyablement bouleversant de l'arrivée d'un enfant et des renoncements cruels qu'un pauvre couple doit faire pour le bien-être du petit souverain (imagine un peu, plus de voyages improvisés à Formentera en partant avec l'offre Lastminute, j'en ai des frissons !), hommage au conformisme le plus évident qui consiste à faire tout ce qui te passe par la tête car là est la liberté suprême (alors qu'exercer sa liberté, c'est justement faire la guerre à son égocentrisme).

Je suis peut-être démodée mais je n'ai jamais passé de folles nuits à Formentera, et je n'ai même jamais appris ce qu'est un mojito, ni avant ni après la naissance de mes enfants. En revanche, leur arrivée ne m'a pas semblé tellement bouleversante, sauf que je ne peux plus courir de marathons parce que je n'ai que trois minutes et douze secondes de temps libre par jour (je les utilise pour nettoyer les taches de moisissure sur les murs). D'un autre côté, mon carnet de bal s'est rempli : pizzas de fin d'année avec les maîtresses, petites fêtes d'anniversaire et spectacles de danse !

Je trouve étrange que les enfants soient si souvent considérés comme dévastateurs, hors de contrôle et envahissants. C'est probablement lié au fait que leur naissance n'est plus un événement normal. Ils prennent ainsi une place énorme et deviennent le centre de la vie de leurs parents : c'est une reddition absolue et inconditionnelle à l'enfant. Personnellement, si une maman avec une poussette s'approche de moi au parc, je baisse le regard et je commence à feuilleter frénétiquement n'importe quel livre : je prends un air très concentré tout en relisant pour la quatre-vingt-septième fois les aventures captivantes de Tchoupi au pôle Nord, afin de ne pas parler une minute de la difficulté à convaincre le petit d'abandonner sa tétine (si le petit n'est pas le mien, sa tétine ne m'intéresse pas du tout). Entre parenthèses, quiconque connaît les enfants sait que « convaincre » et « enfant » sont deux mots parfaitement incompatibles : un enfant se laissera convaincre d'acheter un sac de popcorn légèrement plus petit seulement en échange de trois paquets d'images autocollantes, négociation dans laquelle un parent ne devrait jamais entrer. On ne convainc jamais un enfant d'une chose raisonnable qui empiète légèrement sur son plaisir immédiat. Un enfant doit être contenu, incité et parfois contraint. Pas convaincu.

Pourtant aujourd'hui, comme les adultes ne sont pas préparés pour les accueillir et qu'ils sont eux-mêmes dépourvus d'éducation, ils les laissent déborder en tous sens et on sait bien qu'un enfant s'étale jusque là où on le laisse s'étaler : si on ne lui impose pas de limites, il occupe tout l'espace qui lui est offert. Non seulement il n'est pas nécessaire que les petits soient associés aux décisions éducatives, mais il est même indispensable qu'ils ne le soient pas, et ce pour les aider à entrer dans le grand combat qui les attend : le combat spirituel, c'est-à-dire le corps à corps avec le péché.

A-t-on déjà entendu un enfant dire : « Allez maintenant ça suffit, j'ai assez regardé la télévision, je pense que je vais aller au lit avec une belle édition des œuvres complètes d'Horace » ? Existe-t-il un enfant capable de déclarer, sans avoir avalé de stupéfiants : « Non, chers parents, je vous prie de ne pas m'acheter encore aujourd'hui une boîte de Legos, je désire la sobriété et je préfère utiliser mon imagination pour inventer quelque chose avec ce que j'ai déjà » ? Si vous en connaissez, je veux absolument lui serrer la main, vous pouvez m'appeler à n'importe quelle heure du jour ou de la nuit (plaisantins s'abstenir).

Si, face à un mur, l'enfant veut tout de même passer, la maman cherchera spontanément à percer le mur au cas où l'on pourrait peut-être y faire une porte. Le père, au contraire, représente la réalité : si c'est un mur, c'est un mur, si c'est une porte, c'est une porte. Le père incarne la règle et la loi, mais aussi la découverte, la recherche et la connaissance.

Avant de le comprendre, j'étais navrée que mes enfants demandent toujours confirmation à leur père de tout ce que je leur disais : j'étais sûre que c'était parce que je n'étais pas parvenue à leur dissimuler mon ignorance ; peut-être parce que j'ai commis l'erreur de leur affirmer que Pancho Villa était l'assistant de Zorro, ou parce que tout ce qui fonctionne à la maison, c'est grâce à papa et que si le DVD se bloque, c'est mieux que je sorte de la pièce. Puis j'ai réalisé que ce n'était pas à cause de mon inculture – quoi qu'il en soit, quand je serai à la retraite, je compte bien combler quelques lacunes – mais de la spécificité paternelle : le père indique l'origine et la fin de l'homme. Nous prenons le nom de notre père (tant que la loi nous le permettra) : c'est à lui que nous appartenons. Ce père n'est qu'une pâle image du Père vers lequel nous tendons, mais il nous dit tout de même notre histoire, d'où nous venons et vers où nous allons. C'est pourquoi chez nous, le papa répare les choses, mais en plus, il chasse les peurs et donne le courage d'essayer. Le père a en effet la mission de fixer les objectifs à atteindre ; il observe l'enfant, il le connaît et c'est en fonction de cela qu'il établit des règles (comme dit Konrad Adenauer, si les dix commandements sont si clairs, c'est parce qu'ils n'ont pas été débattus par une assemblée). La loi n'est pas une contrainte, mais elle éloigne de l'esclavage égyptien : elle nous fait mieux vivre dans le monde (quelle tristesse chez ces personnes qui n'en font qu'à leur tête et qui disent qu'elles n'appartiennent qu'à elles-mêmes) et nous ouvre la vie éternelle.

Oui, Valeria, je sais, il arrive parfois que Giuseppe gronde les filles pas exactement selon la gravité de ce qu'elles ont fait mais plutôt selon l'importance du match qu'il est en train de regarder. Je comprends que ton instinct serait d'attraper une liane et de te lancer à la défense de tes enfants contre les réprimandes du papa, mais c'est tout à fait défendu. Ce sont les pères qui coupent le cordon d'avec la maman. Ils doivent même sauver l'enfant de son étreinte suffoquante, puisqu'elle est programmée pour ressentir et satisfaire tous ses besoins. En contrepartie, on ne peut pas espérer qu'un homme puisse choisir un nombre d'épaisseurs adéquat pour vêtir un nouveau-né, ou bien qu'il arrive à identifier la cause d'un pleur d'enfant, puisque les spécimens de cette espèce rare que sont les pédiatres masculins n'y parviennent pas non plus.

Parmi les facultés de base dont l'homme est dépourvu, il y a aussi la perception du danger. Quand je suis avec Giuseppe, les filles font des triples saltos – en chaussettes bien entendu – dans les coins de la maison, se lancent du haut des escaliers pour voir si elles peuvent voler comme la Torche Humaine, avalent des boutons et jouent avec des casseroles d'eau bouillante. Lui, importuné de manière inavouable par ce baby-sitting forcé, fait autre chose dès qu'il peut – il bouquine, envoie des messages, s'assoupit – et les deux aspirantes au suicide, très riches en imagination, en profitent continûment.

En outre, il faut être honnête : étant donné qu'il n'est pas une mère, le père n'a pas l'instinct qui lui permettrait de prendre la température d'un enfant simplement au son de sa voix au téléphone, d'entendre une chute à l'autre bout de la maison ou bien de discerner une mauvaise note à travers une quinte de toux. Un homme n'est pas capable d'anticiper les dangers comme une femme, à moins qu'il ne soit un névrotique déclaré. Pourquoi donc le contraindre à le faire ? Si la sécurité était une préoccupation masculine, les pères auraient besoin de beaucoup moins que deux heures et quart pour apprendre à attacher les ceintures du siège auto et ils ne transpireraient pas autant.

Je propose de sauver la version *old school* de l'homme. C'est-à-dire de lui épargner la visite chez le pédiatre, épreuve qui lui est extrêmement pénible, au cours de laquelle il sera soumis à une série de questions totalement incompréhensibles (que signifie exactement une « toux sèche » ?). Le pédiatre, pour se mettre à son niveau, va ajuster progressivement la difficulté de l'épreuve, et finir en lui proposant une question de repêchage, juste pour ne pas le recaler, du type : « Quel âge a votre enfant ? » (variante médicale de « Parle-moi de ton auteur préféré... ») et cette réponse, il la connaît, car l'enfant est né l'année de la victoire du championnat de foot par la Roma.

D'après moi, le défi suprême pour un homme serait de lancer une pétition pour le retour de l'ancien professeur de théâtre de l'école. D'abord, il faudrait qu'il sache que son fils fait du théâtre (de son temps, à l'école, on apprenait à lire et à écrire). Puis il faudrait qu'il intègre que la personne qui enseignait le théâtre était une maîtresse. Mémoriser son nom, même si elle est moche. Savoir que maintenant, elle a changé. S'indigner. Rédiger une lettre de plus de quatre mots. Contacter d'autres parents – il les rencontre depuis des années mais il n'en reconnaît qu'une, et seulement parce qu'elle fait un bonnet C – puis écouter leurs arguments, synthétiser, faire de la médiation, accueillir les objections, arrondir les angles. Enfin apporter la lettre à la directrice et soutenir une conversation.

Impossible.

Mais par ailleurs, un père fait beaucoup d'autres choses, qu'une maman ne sait pas faire, bien que cela soit difficile à reconnaître pour nous qui sommes presque toujours atteintes d'un délire d'omnipotence. Le père propose de nouvelles expériences, apprend à affronter les problèmes, protège mais permet de prendre des risques quand c'est le moment, donne un modèle aux garçons et conforte les filles. Puisque c'est lui qui a posé les règles, il peut aussi pardonner. Et quand il est là, il l'est totalement et peut être passionné par le jeu comme s'il avait dix ans, chose très appréciée par les petits bipèdes.

Je dois adresser ici quelques remerciements à mon mari, qui empêche que la démocratie ne règne à la maison, ce qui conduirait à un net débordement de la consommation de Coca Cola sur celle de l'eau, de la lutte gréco-romaine sur les devoirs et des activités de coiffure de peluches sur celles de rangement des jouets. Ce que dit le père est écouté, parce que le père est généreux et ne garde rien pour lui. Je voudrais remercier mon mari parce qu'il fait le travail le plus important, le moins créatif mais celui qui nous est à tous le plus utile : parce qu'il est solide et rationnel, parce qu'il n'a aucune option – comme un GPS sophistiqué qui lui permettrait d'identifier de nouveaux coups de soleil sur son épouse – mais qu'il ne tombe jamais en panne, parce qu'il ne reçoit des SMS que du Touring Club et qu'il est toujours bien présent avec nous (pas comme une autre – moi ? – qui serait tout le temps pendue au téléphone), parce qu'il corrige d'une main ferme, éteint les lumières le soir, enlève les tétines et dit stop aux bonbons, parce qu'il sait toujours distinguer l'espièglerie de l'espiègle, parce qu'il contient sa colère dans des digues, parce qu'il se fait aider dans les travaux de jardinage alors qu'il a les quatre assistants les plus incompétents du centre de l'Italie, parce qu'il fait des voyages, voit des films, explique les guerres, écoute des opinions incohérentes sur la tactique du football et des aventures surréalistes de bonshommes Lego, programme (et entend) les réveils et est disposé à faire toutes les choses pour lesquelles je ne saurais pas où donner de la tête, parce qu'il nous conduit, mais qu'il me demande toujours une opinion (et quand il n'en fait qu'à sa tête, d'habitude, il y arrive), parce qu'il est le roi du rafistolage et qu'avec une créativité très personnelle – de la salive et un clou tordu – il répare quasiment tout. Je le remercie parce que, bien qu'il puisse s'améliorer en matière de compliments (est-ce toujours nécessaire de dire toute la vérité ?), il serait prêt à mourir pour chacun d'entre nous.

Cher Giuseppe,

J'ai une surprise pour toi. J'ai décidé de t'écouter et j'ai rangé le grenier. J'ai retrouvé tes vieilles chaussures de marche, tu sais, celles qui sont capables de résister à une attaque nucléaire, fabriquées dans la région, quand le Made in China *n'existait pas encore. Elles sont peut-être un peu dures et un peu lourdes (on dirait deux fers à repasser), mais d'après moi, elles sont tellement démodées qu'elles vont bientôt être à nouveau tendance. Je les ai nettoyées, j'ai changé les lacets et je les ai un peu graissées. Pourquoi ne pas les remettre ? Elles me semblent capables d'aller loin et d'être adaptées au pas courageux de celui qui ouvre la voie. De mon côté, je te promets que je te suivrai et que je veillerai à ce que les enfants te suivent aussi. Parce que, c'est bien connu, tu avances et tu ne te retournes pas forcément pour vérifier si quelqu'un s'est perdu. À ce propos, sache que la petite m'a raconté que tu l'as oubliée sur la balançoire au parc : j'ai fait semblant de ne pas le savoir. Du reste, un vaillant condottiere ne peut pas s'arrêter pour regarder son chapeau.*

Avec amour,

Valeria

Un sourire s'il vous plaît

ou Être de bonne humeur est un travail difficile, mais il faut bien que quelqu'un le fasse !

Je ne peux pas vraiment blâmer mon amie Cecilia pour ses plaintes car fondamentalement, elle a de vraies raisons d'être mécontente. Elle a un travail qui ne lui plaît pas : elle voulait faire du dessin et de la photographie, mais au lieu de ça, elle remplit des fiches dans un bureau à faible taux de fécondité, entourée de collègues aigries (je crois que c'est une succursale provinciale du tristement célèbre *Bureau de Complication des Affaires Simples*), toutes maquillées et pailletées dès huit heures du matin. Pour se rendre à ce lieu de torture et pour en revenir, elle fait trois heures de voiture par jour, à la vitesse moyenne de onze kilomètres par heure. Quand elle rentre enfin chez elle, le soir, elle a tout juste le temps de nettoyer le lait au chocolat renversé par ses fils préadolescents qui jouent à la Playstation, d'ouvrir le placard à chiffons et de le refermer immédiatement pour ne pas faire tomber toute la pile, d'enfiler ses pantoufles (malgré mes longues années de réprobation), pour aller accueillir un homme à côté de qui la loquacité, le brio et la sympathie de Kim Jong-Il feraient bonne figure.

Cecilia est une personne solide, qui a les pieds bien sur terre et quand elle se plaint, elle sait ce qu'elle fait. Elle n'est pas comme moi, qui contracte régulièrement des tumeurs mortelles au cerveau dès que j'ai l'impression de ne plus voir clair. Après une visite aux urgences, en l'absence de tout diagnostic sur la maladie rare qui m'afflige, je découvre qu'en fait, j'ai seulement inversé mes lentilles de contact... et que j'ai donc inutilement ennuyé mon mari avec mes dernières volontés et les dispositions concernant les soins à donner à ma progéniture (à l'attention de cette petite grosse perfide qui prendra ma place dans le cœur de mes enfants). Le fait de mettre astucieusement la lentille droite sur l'œil droit m'a miraculeusement guérie.

En revanche, Cecilia se plaint de problèmes bien réels. Mais elle se plaint vraiment. Et je pense que c'est une façon de contribuer largement à rendre son mari lourd, taciturne et incroyablement rigide (même si certains affirment l'avoir vu rire au tournant des années 1990). Parce que rien n'enfonce davantage un homme qu'une femme qui se plaint, modèle d'ailleurs le plus répandu sur le marché.

On ne peut pas reprocher beaucoup plus de choses à mon amie : c'est une maman formidable, quoiqu'un peu molle (à cause de sa naïveté pathologique, ses enfants sont capables de l'embrouiller depuis qu'ils savent utiliser plus de six ou sept mots), elle est généreuse et très présente. Ce n'est pas non plus le genre de maman, si répandu de nos jours, qui n'ose rien faire d'un peu compliqué avec les enfants, à moins de ne sortir qu'avec un seul. Elle a d'ailleurs été capable d'expéditions héroïques telles que faire des courses avec deux bébés, ou aller rendre visite aux grands-parents situés à deux cents kilomètres de chez elle, quand la maman standard considère qu'il serait trop audacieux de franchir un péage d'autoroute avec des enfants en bas âge sans un homme à ses côtés. Car pour une raison inexplicable, une race de mamans empotées est en train de proliférer : on les reconnaît dans la rue parce qu'elles sont souvent accompagnées par la grand-mère derrière la poussette, prête à intervenir au cas où la jeune femme aurait besoin de faire une chose folle telle qu'acheter du pain. Je crains que cela n'ait un rapport avec l'incapacité contemporaine à maîtriser les enfants et à leur apprendre à supporter de terribles souffrances (rester assis dans la poussette, passer devant un marchand de glaces sans en avoir une, ou encore, cruelle torture, quitter un anniversaire quand maman a dit qu'il fallait s'en aller). J'ai pris des cours chez une amie qui a six enfants et qui, « comme elle en a déjà beaucoup » accueille souvent quelques enfants de plus : elle en emmène tout à fait sereinement huit ou neuf au parc. En ce qui me concerne, je ne suis jamais sortie avec plus de six enfants – c'est pour cela que j'ai une voiture sept places, hélas non équipée de toilettes, ni même de mini lavabo pour enlever les incrustations de biscuits aux pépites de chocolat sur le menton – et je crois que c'est la limite acceptable pour une maman comme moi, dépourvue de super pouvoirs.

Cecilia cuisine également très bien, autre qualité rare, et quand on entre chez elle, on est accueilli par la bonne odeur du mirepoix tout frais et de la viande mijotée aux herbes (qui prend toujours le dessus sur son sempiternel parfum Amarige), laissant toujours penser que l'on est attendu. Une compétence largement sous-évaluée par les femmes d'aujourd'hui, qui se vantent allègrement de ne rien faire en cuisine (me concernant, ce n'est pas une prétention mais une analyse lucide de la réalité) alors que savoir créer des plats avec des ingrédients de base – mélanger deux sauces toutes prêtes et des pâtes ne compte pas ! – est une manière particulièrement signifiante de dire à quelqu'un que l'on prend soin de lui en lui offrant de son temps.

Ma sage amie Elisabetta, par exemple, offre toujours aux jeunes mariées des petits pots d'herbes aromatiques cultivées dans son jardin (trop élaboré pour moi ! Il faudrait déjà que je sache ce que sont ces herbes, que je les plante et que je ne les laisse pas mourir, que je les récolte et puis que je les fasse sécher...

Éventuellement, il faudrait aussi avoir un coin qui ne soit pas atteint par les ballons : j'ai posé un jour un œuf de Pâques sur un guéridon et il s'est suicidé au moment où je sortais de la pièce : « un coup de vent », soutinrent mes deux terroristes réfugiés dans le couloir... Il paraît que des courants d'air très dangereux se forment chez moi et qu'ils sont responsables d'événements mystérieux : Xbox allumée les jours interdits, parts de gâteau manquantes... La seule chose que le vent n'arrive pas à faire dans cette maison, malheureusement, c'est mettre leurs satanées chaussettes dans le panier de linge sale).

Cecilia sait également faire pas mal de choses de ses mains : elle commet malheureusement de terribles œuvres sur papier, qu'elle menace parfois de m'offrir, mais c'est un péché véniel. En plus, elle fait de la couture et de la broderie, ce qui la place au-dessus du niveau moyen de la femme qui travaille, laquelle se limite en général au stade du « recoudre un bouton ». J'en suis moi-même au niveau le plus basique et j'ai encore du pain sur la planche : d'ailleurs, s'il fallait définir notre style familial, ce serait « il nous manque presque toujours à tous au moins un bouton ». Remarquez, c'est beau d'avoir une famille stylée, mais je préfèrerais être l'une de ces mamans blondes, légèrement bronzées, en petit chemisier blanc, suivies par des petits hommes et des petites femmes bien alignés, tous en chemisier blanc et pull Ralph Lauren : une famille toute assortie qui se rend main dans la main à la première d'un opéra et qui sera toujours pour nous un inimitable modèle d'élégance..

En somme, je ne vois vraiment pas ce que je pourrais critiquer chez mon amie. Si elle voit un film, elle se souvient du titre même après avoir descendu l'escalier du cinéma et elle est capable de soutenir une conversation cohérente sur le sujet, parce qu'elle ne s'est pas endormie – ce que je fais d'habitude. Elle se souvient des noms de réalisateurs et d'écrivains et parlent d'eux dans des termes clairs et argumentés, comme si elle avait lu autre chose ces dernières années que *Boucle d'or* ou *Pierrot et Colombine,* ou à la limite des sites people qui lancent des sondages pour savoir qui porte mieux la gamme de couleurs de Stella McCartney (je vote pour Kate Moss).

Sauf que Cecilia n'est jamais de bonne humeur ; elle n'est jamais ni enjouée ni souriante et pour un homme, ce défaut a tellement d'importance qu'il dépasse largement ses nombreuses qualités. C'est toujours à la femme de garder le moral des troupes. Pas comme les pin-ups envoyées au front – même si le fait de ne pas être trop laide et de porter au moins un bonnet C est, je crois, plutôt utile – mais dans un sens plus profond.

Tout le monde sait qu'une femme, dès lors qu'elle

a une famille, ne peut plus se laisser aller à des moments de découragement, en tout cas pas aussi souvent qu'elle le voudrait, car toute la famille dépend de son humeur. Une femme doit toujours avoir en elle un espace ensoleillé pour accueillir ce qui vient et lutter contre l'envie qu'elle peut avoir de plonger dans un puits noir, comme le lui suggère de temps en temps une petite voix intérieure. Car si elle y tombe, à qui vont pouvoir s'accrocher les autres ? Elle devra arrêter de voir ce qui manque et sourire à tout ce qu'il y a, non pas parce qu'elle est hypocrite ou fausse mais parce qu'elle espère, parce qu'elle espère toujours.

Elle s'oubliera, non pas par bonté, mais parce qu'elle y est obligée : au lieu d'essayer de récupérer ses cheveux qui ressemblent à un hortensia tout sec, il faudra qu'elle lave ceux de ses enfants, quand elle pourra enfin s'asseoir, après un nombre incalculable d'heures, l'« alarme de siège » sonnera (c'est un système très sophistiqué qui émet immanquablement le signal « maaamaaan » dès que le postérieur d'une mère s'approche dangereusement d'une surface horizontale), quand elle ouvrira le journal tard dans la soirée, les nouvelles attendront une demi-heure de plus – elles sont de toute façon déjà vieilles – car il y en a toujours un qui voudra écouter Poucette. Il lui faudra balayer son blues, ses moments de tristesse, de fatigue et de peur ; s'ils ne passent pas, elle ira de l'avant le mieux possible quoi qu'il arrive, car comme le dit l'immortel héros Buzz l'éclair, si tu ne peux pas voler, essaie au moins de tomber avec classe.

« Je veux lui faire une aide qui lui correspondra » a dit Dieu lorsqu'il a créé la femme. Edith Stein précise que celle qui doit devenir la compagne de l'homme, à travers une décision libre et individuelle, peut choisir de lui venir en aide et ainsi lui permettre de devenir ce qu'il doit être. Saint Paul, dans la Lettre aux Éphésiens, qui a fait beaucoup de bruit depuis une vingtaine de siècles, invite les femmes à la soumission. Moi qui me suis triturée le cerveau sur le sujet au point d'écrire un livre, je pense que la soumission a un lien, un lien très fort, avec la bonne humeur comprise comme la capacité à tenir bon et à ouvrir des brèches à coup de sourires au cœur des journées les plus sombres, avec la volonté inébranlable de ne jamais laisser au mal le dernier mot. Rester littéralement en-dessous, c'est tenir lorsque la tentation de céder est grande, soutenir l'autre quand il se laisse aller, lui permettre, ou plutôt l'encourager, à donner le meilleur possible. Comme l'écrivait le cardinal Joseph Ratzinger, « La femme conserve l'intuition profonde que le meilleur de sa vie est fait d'activités orientées à l'éveil de l'autre, à sa croissance, à sa protection ». La capacité toute spéciale que nous avons à résister dans les difficultés sert à cela : rendre la vie possible dans les situations extrêmes, pas seulement pour nous-mêmes mais pour faire vivre ceux qui nous sont confiés.

Pour rester entraînée, je fais par exemple, à mon seul profit, des exercices de plans-catastrophes. En effet, depuis que je suis maman, le monde s'est peuplé de dangers : les avions émettant des bruits sinistres que je n'aurais jamais remarqués avant mon premier accouchement, les analyses de sang de ma progéniture et les indications figurant sur les bulletins scolaires, les friandises plus dangereuses que le cyanure avec lesquelles les mâchoires de mes enfants doivent garder leurs distances (qui sont d'ailleurs les mêmes poisons avec lesquels j'ai carburé en toute insouciance pendant mes nuits d'étude à l'université et qui, pour être juste, ne m'ont pas condamnée à une mort lente et douloureuse mais plutôt à une nette augmentation de mon tour de cuisse).

Quant à toi, Cecilia, tu me dis que tu es tellement fatiguée que, quand Massimo rentre le soir, après les enfants et le travail, les courses et encore les enfants, tu as épuisé tes réserves de sourires, de bon sens et de patience. Mais justement, il doit remarquer que tu en as pour tout le monde sauf pour lui. Maintenant, je vais t'épargner le petit sermon sur le fait qu'il ne faut pas considérer cet état comme normal, car nous sommes toutes très expertes en théorie (j'ai acheté des kilos de livres sur le mariage, même si je les ai ensuite utilement recyclés comme réserve d'emballages pour la cuisine), mais tu sais bien au fond qu'il a raison.

Même si tu n'arrives pas à l'accueillir avec des talons de 12 centimètres de haut et un verre à la main, en faisant semblant d'avoir trouvé très excitant cet article sur la circulaire n°11110 et les politiques monétaires keynésiennes des années 1960 qu'il t'a envoyé depuis le bureau pour mettre un peu de piquant dans ta journée, essaie au moins de ne pas rejoindre le canapé en rampant pour t'y endormir tout de suite, quand bien même tu n'aurais pas fermé les yeux depuis dix-neuf heures. Tu sais que la femme donne ce qu'elle n'a pas : en s'occupant des autres, elle s'occupe d'elle-même (une maman qui a faim administre des sandwichs à quiconque se trouve dans les parages et quand elle a froid, elle se met à enfiler des gilets à des enfants innocents).

Tu sais que le soir, alors que nous voudrions simplement rester immobiles, en extase devant nos doigts de pieds enfin en éventail, nous devons calmer les bagarres, faire taire les caprices, adoucir, apaiser et sourire jusqu'à la paralysie faciale... Nous devons aussi rattraper le temps perdu, et surtout, éviter de partager tous ces problèmes avec notre mari, si ce n'est ceux pour lesquels il peut vraiment nous aider : prise de décision éducative instantanée, cessation de caprice ou de négociations, émission d'avis sûrs, résolution de n'importe quel problème de fonctionnement de tout objet plus complexe qu'une cafetière. Concernant la température de la chambre ou la lampe qui doit rester allumée dans le couloir, c'est nous qui devons gérer. Je sais que c'est mon mari qui tire la charrette, mais je suis très douée pour l'encourager (d'accord, c'est facile). C'est la femme qui apporte l'espérance, une espérance qui n'est pas une espèce de bon sentiment, mais qui s'appuie totalement sur la seule vraie bonne nouvelle : Jésus est vraiment ressuscité, et Il a vaincu la peur de toutes les peurs, celle de la mort.

Le sourire a un sens profond et véritable s'il s'enracine dans l'espérance d'avoir triomphé de la mort. De quelle autre espérance pourrions-nous parler autrement ? De fait, dans l'Évangile, la nouvelle de la résurrection arrive d'abord aux femmes et ce message doit être annoncé dans le monde entier (on sait bien d'ailleurs, que si l'on veut faire savoir quelque chose jusqu'au bout de la terre, il faut le dire à une femme).

C'est vrai, je le reconnais, ton mari n'encourage pas la bonne humeur et ses apports les plus pétillants à la conversation sont souvent de sèches interventions du genre : « Je voudrais bien savoir où tu as caché le Maalox », « Trouve une excuse mais pour samedi soir, c'est non. Tu n'as qu'à dire que j'aurai mal à la tête », « J'ai encore perdu un bouton sur mon manteau ; je vais bientôt m'en servir comme peignoir », ou pour finir : « Je n'en peux plus, je vais me coucher »... Juste pour te donner un dernier coup de punch, de bonne humeur et d'énergie avant d'affronter la dernière partie de la journée : préparer les vêtements des enfants, accoupler les chaussettes, récupérer les escalopes de poulet à décongeler cachées derrière les verres en plastique qui contiennent des œufs de dinosaure en hibernation et enfin, chercher à te souvenir de la raison pour laquelle tu l'as épousé (si si, tu l'as épousé, il y a même des photos).

Mais si tu ne fais pas d'effort en premier, ce n'est pas lui qui en fera. Je ne sais pas pourquoi, mais c'est à nous d'ouvrir la voie. En revanche, je sais pour quelle raison nous devons le faire : parce que cela en vaut la peine. Le bonheur de ceux que tu aimes dépend de toi et le tien aussi. Paradoxalement il t'est donné quand tu ignores ta fatigue, ta tristesse, ton cafard (tu sais, cette sensation « relaxante » de porter le monde sur les épaules) et quand tu fais mine de rien parce que tu dois penser aux autres.

Je pense qu'il est fondamental d'apprendre à faire comme si. Faire comme si est l'une des règles de base du mariage. Quand tu as l'impression de ne plus le supporter, que tout ce qu'il fait t'énerve – cela peut arriver – ou quand il te critique sans arrêt et qu'il te semble que le jeune homme aphasique qui vient te faire signer le recommandé avec son casque sur les oreilles, ses piercings et son regard vide serait un compagnon plus agréable pour l'apéritif (d'ailleurs, peut-être qu'il arrive aussi à ton mari de trouver la fille du GPS – celle qui dit : « prenez la deuxième à droite » – plus enjouée que toi), alors c'est le moment de faire comme si. Comme si tu l'aimais même si tes réserves semblent taries. L'amour est un exercice étrange et il arrive parfois que les sentiments suivent, tels des agneaux dociles, nos paroles, nos gestes, nos mains et nos bras. Toutefois, un effort de volonté peut être nécessaire, qui est alors suivi d'une floraison spontanée et abondante de beaux fruits.

Tu me demandes où trouver les forces. Eh bien, je reconnais que ce n'est pas facile. Travail et enfants, enfants et travail... Tu ne fais jamais rien pour toi et pourtant, tu es un sentiment de culpabilité vivant. En plus, tu es au régime : pour toi, l'apport en matières grasses consiste à mettre une plaquette de beurre au frigo et à faire les cent pas devant pendant une demi-heure. Cela n'aide pas à la bonne humeur. En fait, la seule chose qui aide vraiment, c'est d'avoir un rapport le plus vivant possible avec Jésus-Christ, le point d'Archimède de l'histoire. Il est le seul pont vers la présence sainte et inaccessible de Dieu. Et Il s'y connaît, en petits jeux : Il est le seul qui pourra alléger ta vie et vraiment te faire sourire. Un sourire qui n'est ni un masque ni une technique psychologique, ni le fruit de quelque méditation orientale. Chez nous, les Chrétiens, le sourire ne vient pas de notre courage ni de notre discipline personnelle, mais de la joie d'être tellement aimé et pardonné qu'on ne peut s'empêcher de vivre sur la crête de la vague, habité par le désir de répandre cette abondance qui nous a rassasiés.

Ton mari travaille probablement plus que toi, mais c'est un homme, alors il ignore les angoisses qui sont les nôtres. Il peut rentrer tranquillement à la maison, dire bonjour, poser sa veste, prendre son sac de football et sortir de nouveau, sans avoir la sensation d'être un mauvais père. Tu sais que je lui donne raison car ce que l'on demande à un père est bien différent de ce que l'on demande à une mère : il n'a pas à être toujours là, aux petits soins, mais il doit dire les choses importantes au bon moment, tracer les limites et prendre du temps pour être exclusivement avec ses enfants. Parler, jouer et faire avec eux des trucs de garçons. Tu sais qu'il est très présent, en plus de ces moments-là, et quand il en ressent la nécessité, il a raison de sortir : ton mari sait ce dont il a besoin, il sait qu'il doit faire un peu de sport pour être bien et comme c'est une créature simple, à l'instar de tous les hommes, il cherche à satisfaire ses besoins car il a conscience que c'est mieux pour tout le monde.

Si tu n'arrives pas à faire comme lui – je n'insiste pas, parce que je suis aussi une championne olympique du sentiment de culpabilité – alors tu n'as plus qu'à embrasser avec joie ton petit mourir quotidien, un mourir fait de petits renoncements, mais un mourir quand même. Persuade-toi que tu accomplis un travail obscur dont tu n'es même pas sûre de voir les résultats et aime-le. La famille que tu es en train de construire est une cathédrale, une œuvre éternelle qui traversera les générations et que toi seule peux édifier. Si ce n'est pas toi qui le fais, elle restera inachevée.

Il y a certes des jours, des mois, voire des années où cela se limitera à sculpter une statue cachée sous une voûte, telle une petite chose invisible quand on entre dans l'église. Ton mari non plus ne la verra pas et il oubliera régulièrement de te remercier, mais tu ne peux pas lui en vouloir. Tu sais que les hommes ont un champ visuel un peu limité et c'est une tare qui les empêche d'apercevoir des chemises dans les armoires et des bouteilles dans le frigo, sans parler des fleurs sur la table ou des vêtements sur leur épouse. Comment imaginer qu'ils puissent être capables de voir tout ce que nous faisons pendant la journée, surtout quand ils ne sont pas là (seules les mamans ont des détecteurs qui leur permettent de voir à trois pièces de distance. Et de fait, il m'arrive de dire complètement au hasard : « Lavinia, ramasse ce que tu as fait tomber » : ce qui est bien, c'est que je ne me trompe jamais).

C'est très compliqué parce que, bien plus que l'homme, la femme est sensible au regard que l'on pose sur elle. Elle a besoin d'être reconnue, de plaire et d'être admirée. C'est un besoin profond, un peu comme une nostalgie du premier regard reçu au moment de la création. C'est comme si l'éternité avait posé ses yeux sur elle en lui laissant une trace indélébile. Une cicatrice qui maintient à vif son désir d'ouvrir la porte, d'accueillir et de donner. La difficulté est d'être capable de donner sans compter, mais sans non plus se perdre.

Le besoin d'amour peut se transformer en grâce d'accueil, de générosité et de bienveillance, même si le péché originel a transformé cette grâce en fragilité. La femme, détachée de Dieu, a perdu ce qui faisait sa plénitude et elle est entrée avec l'homme dans une logique de domination. « Ton désir se portera vers ton mari et il dominera sur toi », dit la Genèse. Ainsi, la femme a déversé sur l'homme toutes les attentes qu'elle avait et elle a commencé à vouloir plaire de manière compulsive – il faudrait ouvrir ici une parenthèse sur les investissements que l'on fait pour lutter contre le vieillissement. Pour du vent. Il suffit de croiser au cours d'une randonnée une jeune fille de seize ans en short pour se précipiter dans la salle de bain, prendre la crème de l'océan ou tout autre truc que l'esthéticienne nous a vendu pour une somme indécente et nous l'appliquer. Puis on oublie et dès le lendemain, on est de nouveau prête à croire n'importe quelle autre promesse (« Attention, on dit que cela donne le cancer ! » « Oui, mais est-ce que cela fait maigrir ? »).

Dépendre du regard de l'autre rend vulnérable, compromet le bonheur et peut être humiliant, c'est vrai. Nous nous définissons tous à travers un regard, mais seul Dieu nous connaît vraiment et Lui seul nous aime dans la totalité de notre mystère infini. C'est pour cela que nous ne pouvons voir le bien dans le mystère de ceux qui sont auprès de nous que si nous avons Dieu dans le cœur.

Un jour j'ai appelé mon ami Giovanni pour lui souhaiter sa fête : c'était le jour où l'on célébrait « le disciple bien-aimé » de Jésus et j'étais certaine qu'il considérait ce jour-là comme sa fête. J'avais oublié que mon ami, en homme qu'il est, fête aussi saint Jean-Baptiste, parce que l'Évangile le définit comme « le plus grand parmi les hommes ». « Pourquoi devrais-je donc choisir ? » m'a-t-il répondu. C'est exact, puisque tu es un homme. De mon côté, aucun doute, si je devais choisir parmi tous les saints Jean du calendrier, je voudrais être la plus aimée.

Si sa soif n'est pas satisfaite en profondeur, la femme cherche la reconnaissance ailleurs : elle veut être la plus belle du monde, la plus intelligente, la plus quelque chose... Un désir que l'homme vit d'une manière complètement différente. Lui, il a besoin de se sentir puissant, parce qu'au fond, il veut être certain que sa présence est utile.

Pour une femme, c'est différent. Si vous racontez à une amie que vous avez vu son ex avec une autre, elle va vous harceler de questions : « Elle était comment ? Elle avait l'air de quoi ? Qu'est-ce qu'elle faisait ? » Mais elle ne parlera pas de lui. Elle voudra tout savoir sur elle : son style, son âge, si elle avait l'air heureuse ou si peut-être, espérons-le, elle avait dans le regard cette anxiété de celle qui se sait mal aimée. Évidemment, il est tout a fait interdit de répondre en disant du bien de cette autre, fille de rien dont nous déclarerons toujours qu'elle est petite, laide, grosse et très triste (probablement parce qu'elle est sur le point d'être plaquée, si on veut vraiment connaître notre point de vue sur la question).

C'est à cause de cette soif d'amour atavique, chère Cecilia, que tu étais complètement désemparée au début de ton mariage. Quand la confrontation avec la réalité a été si différente de tout ce que tu avais imaginé. C'est pour cela que tu t'es endormie si souvent en pleurant, en espérant qu'il s'en aperçoive (mais quand on ronfle, c'est probablement difficile de remarquer quelque chose qui se passe en silence, même si c'est tout à côté de ton oreiller). Tu as très souvent été malheureuse et tu continues à l'être, bien que au fil des années, vous devriez mieux vous connaître. Mais il y a des choses sur lesquelles on n'arrive jamais à s'endurcir, hélas !

La véritable transformation se fait quand nous acceptons que notre cœur soit transpercé. Convainquons-nous que ce n'est pas dû seulement à la « méchanceté » présumée de l'homme, mais aussi à notre fragilité, alors nous l'offrirons et, sincèrement, nous ne prétendrons plus vouloir changer l'homme qui est à nos côtés. Ainsi il pourra se réaliser dans la vérité, libéré de nos pressions mais en se contemplant dans notre loyauté qui ne se fait jamais accusatrice, parce qu'elle vient d'une acceptation vraie, profonde et sincère de l'autre. Il ne s'agit pas d'un accueil passif (assimilé finalement à une sorte de narcissisme) qui serait une façon d'arrêter de se battre pour l'autre et pour son véritable bien. En effet, l'excès de patience – l'accueil passif, justement – peut aussi signifier que l'on arrête de croire que l'autre est capable d'un bien plus grand : c'est une espèce particulière de non amour, qui ressemble beaucoup à de la condescendance et qui n'a rien à voir avec l'estime profonde.

Si tu es aimée et comblée par Dieu le bon pasteur, tu es en mesure de laisser ton mari en paix. Comme tu es rassasiée, tu peux entrer et sortir de la bergerie et le laisser faire la même chose. C'est cette docilité qui émeut Dieu et qui conquiert l'homme. Une femme « de bonne humeur » l'aide à donner le meilleur de lui-même : elle lui permet de faire fructifier sa force et le stimule par l'exemple presque provocant qu'elle lui offre.

Pour cette raison, chère Cecilia, tu n'as pas idée des miracles qui seraient accomplis si tu laissais résonner ta bonne humeur aux oreilles de ton mari. S'il te plaît ! Je comprends bien que si une personne n'a pas le sens de l'humour, on ne peut pas le lui donner (il y a quelque temps, ma fille Lavinia s'habillait toute seule dans sa petite chambre et je l'ai entendue dire : « Alors, on met le maillot, les chaussettes et le sens de l'humour ») mais tu pourrais faire de temps en temps quelque chose de pas très sage, d'idiot ou d'insensé. Attention, un après-midi convivial, ce n'est pas aller cueillir des fleurs à faire sécher dans les champs ! Autant faire la déclaration de revenus, au moins, le comptable qui sommeille en ton mari sera content. Mais tu es trop molle ! Je ne te demande pas d'organiser un voyage surprise à New York pour un défilé de créateur ou de prendre des cours de mime. Mais il suffirait que tu sortes avec lui de temps en temps pour faire un tour en ville, juste vous deux, sans canapé ni parents ni match catégorie poussins. Faire semblant d'être dans une chanson de Sergio Caputo : « Peut-être que je suis triste mais mon cœur ne le sait pas » et apprendre que « gâcher la soirée manque de classe ».

Mais tout n'est pas uniquement question de légèreté, de volume sonore ou d'accessoires : un abîme de différences vous sépare.

La femme demande sans cesse à l'homme de la générosité et du dévouement et cette quête est souvent déçue et blessée. Parce qu'il est égoïste, mais aussi parce qu'elle est exigeante. Cette exigence est en réalité une autre forme de manque d'amour : c'est l'égoïsme de la femme qui ne parvient pas à s'oublier elle-même et à mettre de côté son monde intérieur. C'est vrai que c'est difficile d'être légère et insouciante avec cette blessure qui s'ouvre peut-être plusieurs fois par jour. C'est difficile d'arriver à dire comme la petite sainte Thérèse : « Si parfois je verse des larmes, ma joie, c'est de bien les cacher. » Dans de nombreux cas, il suffit d'activer le traducteur automatique pour donner un sens aux gestes de l'homme qui est préoccupé par les choses concrètes : la gestion, le pain et son action dans le monde. Voici par exemple un extrait d'une conversation moyenne chez moi :

« Eh !

– Tu m'as appelée, mon chéri ?

– J'ai taillé les citronniers.

– Oui, moi aussi je t'aime infiniment ! » (Je sais maintenant qu'il me le dit à travers des gestes concrets.)

De l'autre côté, l'homme est aussi insatisfait par rapport au désir qu'il a d'une femme parfaite, accueillante et dans la plénitude de sa beauté. Mon père spirituel soutient que toute femme, même la plus mûre spirituellement, souffre parfois de crises d'épilepsie, si elle est loyale et bonne. Si elle est méchante ou déséquilibrée, elle souffre en plus de crises d'hystérie. Dans ces moments-la, elle perd la tête, elle rue dans les brancards ou elle se comporte comme une folle. Toutes les expressions sont bonnes.

Je suis très douée pour percevoir ces crises chez mes amies, mais bien sûr quand il s'agit de moi, j'ai toujours l'impression d'être dotée d'un merveilleux équilibre. Sauf quand, bien après l'heure où les mères à poigne ont éteint les lumières des chambres, Lavinia m'annonce qu'elle ne peut pas ramasser les Legos parce qu'elle a eu un accident et qu'elle a mal à la main, pendant que Livia, pour ne pas être en reste, ressort d'une rencontre de lutte gréco-romaine (« Je ne suis pas morte, je suis juste un peu sonnée ») et veut un soin professionnel pour une blessure imaginaire qui lui aurait été causée par Bernardo, lequel se souvient juste qu'il doit apporter un bocal de perles à l'école pour le petit projet de Noël ! Mais il est dix heures du soir et il me semblerait raisonnable de trouver des pyjamas – pas forcément haut et bas assortis, mais au moins de taille acceptable – alors les perles, pensez !

Pendant que je fouille dans le panier, Tommaso commence une analyse de la situation au Moyen-Orient et lance des questions en rafale sur la position de la Turquie, je regrette alors amèrement de lui avoir fait faire tous ces jeux stimulants quand il était petit : ce ne sont pas des questions à poser à une ménagère. Alors voilà, dans ces cas-là, pour obtenir que l'on ramasse au moins une Barbie ou un livre, il se peut que mon ton ne soit pas aussi mesuré et ferme que celui qui sied à une mère. Il se peut, je ne le nie pas, qu'il me soit arrivé de lancer le Rubik's Cube contre un mur (pour passer ensuite le reste de la soirée à essayer de le réparer) ou de dire quelque chose de lâche et de faux sur le fait que les enfants de mon époque se comportaient bien, me lançant alors dans une description inspirée davantage par *Les Quatre Filles du Docteur March*, pleine de mitaines en laine et de sœurs malades, que par ma propre enfance pleine de frères et sœurs bien en forme avec lesquels je me bagarrais (exactement comme mes enfants) et de viande laissée dans l'assiette car trop dure (exactement comme mes enfants). Quant à reboucher les feutres, je ne peux pas garantir que j'étais aussi irréprochable que je le dis. Mais de toute façon, qui pourrait le vérifier ?

Voilà, Cecilia, cela me fait de la peine mais je dois dire à Massimo que c'est maintenant à son tour. Il faut parfois qu'il te laisse tranquille quand tu perds le contact avec la réalité. Quand tu te joues le disque *Lamentations, pourquoi moi ?* ou ton fameux *Partout-sauf-ici*. Quand tu tu reprends ton succès de légende *Pourquoi personne ne me comprend ?* et quand tu projettes sur ton écran intérieur les émissions spéciales *Tout le monde est contre moi*. Il ne doit pas se brancher sur toi, ni chercher à te répondre. Un homme vraiment noble sait préserver et prendre dans ses bras celle qui, dans ces moments-là, est comme son enfant. Il la tient dans ses bras mais ne lui passe pas tout : il coupe le son et ne se laisse pas entraîner.

Certes, pour cela, il faut un homme qui a les pieds sur terre et qui est solide comme un roc. Mais je suis certaine que nos maris sont bien plus capables que nous le croyons de nous prendre dans leurs bras. Quand mes amies me racontent leurs petits conflits ou leurs divergences conjugales et les réponses fermes et brutales qu'elles reçoivent de leur mari, je remarque souvent – je peux dire la vérité ? – la profonde sagesse masculine qui sait arrêter net l'affolement, les « caprices », les plaintes et les reproches.

Cette manière de jouer chacun son rôle en écoutant l'autre sans se laisser conditionner est fondamentale et, pour le faire, il faut être profondément homme et femme. Si nous regardons la dynamique entre Adam et Eve, Adam se laisse entraîner par Eve alors que Jésus, nouvel Adam selon le parallélisme paulinien et johannique, dit à Marie-Madeleine : « Ne me retiens pas. » Jésus ne permet jamais que les femmes dirigent le rapport qu'elles ont avec lui : c'est toujours lui qui tient les rênes de la relation.

Un sourire...

Cher Massimo,

*Je voudrais t'offrir un abonnement d'un an à l'une de ces chaînes qui diffusent des vieux films en noir et blanc (*Toto e Peppino*) et des comédies américaines des années 1950 (*Laurel et Hardy*). Des films qui te mettent de bonne humeur (je sais que tu es un mari rétro), surtout s'ils passent le dimanche matin et que tu peux te prélasser sur le canapé en perdant un temps fou d'une manière sainement irrationnelle. Je promets que je n'essaierai plus de te faire lever pour des choses constructives et que j'érigerai une barrière autour du canapé, de telle sorte que les enfants te laissent tranquille.*

J'essaierai aussi de mettre sous cloche mes tendances hystériques. Quand je m'y laisserais aller, tu dois toutefois me promettre que tu me prendras dans tes bras et que tu ne me laisseras pas me répandre, comme on fait avec une petite fille capricieuse. J'essaierai d'avoir confiance en toi et même si je rue dans les brancards, n'y fais pas attention.

Avec amour (et un sourire éventuel),

Cecilia

Au lit avec mon ennemi

ou Dans le mariage, incroyable mais vrai, mets l'amour en premier

Beatrice travaille et en plus, c'est une femme d'intérieur du style Italie-d'avant : elle cuisine, elle lave et elle range. Elle brode, elle coud et elle décore même les meubles. Elle organise, elle invite et elle reçoit. Elle fait des courses hebdomadaires monumentales en planifiant la vie familiale avec la trempe d'un général (qui doit, vu les quantités, préparer la campagne de Russie).

Elle est capable de venir dîner chez moi en apportant l'entrée et le plat de résistance (presque le menu entier) et de me remercier d'avoir épluché les fruits et mis un sachet de légumes crus déjà lavés dans le saladier. Elle le fait avec tant de naturel qu'à la fin, je suis persuadée d'avoir cuisiné moi-même. Et pendant qu'elle prend possession de ma cuisine en deux temps trois mouvements, je me retrouve avec toute la progéniture, la sienne et la mienne, plongée dans des activités qui me sont beaucoup plus naturelles : faire des colliers avec les petites ou bien interpréter la princesse Leila pour les grands, un voile sur la tête et le cœur déchiré de ne pas pouvoir vivre comme je le souhaiterais mon amour avec Han Solo. « Qu'est ce qu'un plat de lasagnes aux artichauts devant la douleur que je dois supporter ? » proclamé-je la voix étranglée par l'émotion, tout en lui expliquant où se trouve l'ouvre-bouteille (probablement sous cette pile de revues sur la course à pied que je lis en faisant semblant de cuisiner).

Sur le plan opérationnel, on ne peut vraiment rien reprocher à Beatrice, au contraire. Je me sentirais une femme au foyer un peu moins incompétente si (paradoxalement) elle l'était un peu plus. J'imagine qu'elle me considère comme un cas désespéré depuis qu'elle m'a annoncé que le bouillon pouvait aussi se faire sans bouillon-cube et que j'ai salué cette découverte extraordinaire comme la nouvelle frontière de la science.

Si vous devez l'inviter chez vous, tenez-la toujours occupée avec une activité reposante (par exemple poncer les montures des fenêtres), car si elle est inactive, elle commence à échafauder des plans. Avant d'avoir reposé sa tasse à café sur la soucoupe, elle a déjà organisé une fête pour célébrer un événement imaginaire – l'anniversaire de l'opération du tibia de la dame du quatrième – qui met en scène tout le voisinage (elle ne m'attribuera pitoyablement que la tâche d'écrire les noms sur les gobelets en carton ; de fait, on n'est pas écrivain pour rien).

Toutefois, le problème est qu'avec Paolo, son mari,

cette capacité à s'occuper des autres, à organiser, à mettre en relation des personnes ou à prendre le leadership semble disparaître. Lui qui est doté d'un système cardiovasculaire normal voudrait parfois se reposer après ses huit à dix heures de travail. Mais il ne se hasarde jamais à exprimer cette aspiration farfelue, parce qu'elle le foudroierait sur place. Un cercle vicieux s'est inévitablement installé entre eux : plus elle lui ordonne de surveiller les enfants, plus il éprouve une attirance morbide vers tout ce qui peut le détourner de cette tâche. Le journal par exemple. Il le lit avec avidité, tout en essayant de vérifier du coin de l'œil que la petite ne heurte pas de plein fouet le coin de la table basse. Il dévore la publicité pour le cabinet dentaire qui fait des prothèses d'avant-garde ou l'article sur le tri sélectif dans le hameau de Torchiagina, les yeux rivés sur les pages ouvertes à plat (qu'il ne peut pas feuilleter parce qu'il tient toujours un biberon d'un côté et une petite main potelée de l'autre). Il contemple avec ravissement la feuille, comme si elle contenait le secret de l'apparition de la vie sur Terre.

L'idée, pas particulièrement saugrenue, d'accueillir son mari qui rentre du travail en essayant de lui apporter un peu de détente n'a jamais effleuré l'esprit de Beatrice. Ou si elle l'a fait, elle a été mise à distance avec fermeté. Je crains que Béatrice ne s'imagine devoir respecter un contrat de cohabitation rigide selon lequel les charges sont réparties avec une précision millimétrée. Elle gâche donc beaucoup d'énergie à contrôler cette répartition : à peu près l'exact contraire de l'amour. L'amour demande que l'on rivalise dans le désir de faire plaisir à l'autre, d'alléger ses soucis, voire d'anticiper ce qu'il veut.

Je ne sais pas comment l'allure militaire de Béatrice peut leur permettre d'avoir une vie intime riche et heureuse. La sexualité masculine, m'a expliqué un prêtre qui connaît ses semblables mieux que quiconque, est la plus méconnue. Nous croyons devoir nous comporter comme des panthères pour séduire un homme, alors que la chose la plus importante de toutes est de faire en sorte qu'il ne se sente pas jugé. La femme doit accueillir l'homme comme il est, sans cesse. Si elle prend la position d'un juge, alors l'homme va fuir, parce qu'une femme comme ça n'éveille pas la spiritualité en lui. C'est vrai pour toutes les périodes de la vie sexuelle masculine : quand il est jeune et qu'il recherche des personnes plus âgées, quand il est dans la phase de la puissance génitrice, quand il devient une vague de tendresse. Tous ces aspects, s'ils sont vécus dans le mariage, peuvent être très agréables à condition qu'il y ait de la part de la femme une acceptation totale.

L'amour conjugal fonctionne si deux désirs se rencontrent. Par exemple, l'homme souhaite que ce ne soit pas sa femme qui prenne les rênes en main et sa femme est heureuse lorsqu'il prend le commandement. Cela fonctionne quand on a la volonté de se rendre réciproquement heureux, quand deux dispositions d'esprit se rencontrent et parfois, cela arrive presque par hasard. Il est fondamental qu'il y ait un courant de tendresse, des sourires et de l'estime mutuelle. Cela peut déboucher ensuite sur l'amour physique mais contrairement à ce que l'on croit, il y a une démarche intellectuelle et spirituelle chez l'homme aussi.

J'ai du mal à entrapercevoir ce respect et cette délicatesse chez mes amis. Alors que Beatrice continue à remarquer ce que Paolo ne fait pas, lui cherche à se soustraire à tout ce qu'elle lui demande et objectivement, il change de chemin, il esquive et prend la fuite (spécialité masculine), fournissant toujours du matériel neuf pour le cahier de doléances : anniversaire oubliés avec une ponctualité suisse, cheveux d'enfants séchés à la va vite après la piscine, car le froid forge le caractère (tu sais Paolo, ton cou bloqué l'autre jour ressemblait plus à une crise de rhumatisme qu'à du caractère) ou courses inachevées (un homme peut se souvenir qu'il faut acheter un cahier mais avec la couverture rose et les héroïnes de dessins animés, il ne peut pas). Des inaptitudes standards pour les hommes des générations passées mais inadmissible de la part du Bon Père et Bon Mari si répandu aujourd'hui.

Quand elle est avec son mari, Beatrice semble renier tous les talents féminins qui sont les siens et qu'elle exerce pleinement dans beaucoup d'autres relations : elle a toujours un cadeau à offrir, un gentil mot à dire ou les portes de sa maison à ouvrir. Une générosité qui est mystérieusement cachée à son époux.

Le cancer qui dévore les couples d'aujourd'hui est une incompréhension complète de l'égalité. Cette idée que les différences entre les sexes ne résulteraient que des conditionnements sociaux, profondément répandue et visiblement inextirpable, ajoutée au fait que l'on accomplit objectivement de plus en plus les mêmes choses (travail hors de la maison, compétences similaires et objectifs superposables) rend la vie ensemble moins indispensable qu'avant. D'abord parce que, d'un point de vue pratique, on finit par négocier à chaque fois de façon exténuante « qui fait quoi ? ». Ensuite, plus profondément, cela risque de rendre l'autre ontologiquement superflu. Si je m'autodétermine et que je me suffis à moi-même parce que je suis déjà accomplie, en quoi le choix d'un homme pour toujours et le désir de me donner à lui peut me servir ? Ou, plus simplement : si ce que l'autre fait m'énerve, me met en colère ou me semble mal fait, pourquoi ne pas le lui dire et ne pas faire en sorte que cela ne se produise plus (si les disputes ne suffisent pas, je le quitte) ?

Quand mes amies me parlent des choses qu'elles ont du mal à accepter chez leur mari, il ne m'arrive jamais de penser qu'elles se sont trompées en choisissant cet homme-là – c'est la première chose que le diviseur, c'est-à-dire le diable, nous susurre à l'oreille dès qu'il peut – mais plutôt qu'elles doivent encore travailler sur elles-mêmes, car ce qui nous heurte chez l'autre nous dit quelque chose de nos défauts et du chemin qu'il nous reste encore à parcourir. Seul le mal qui résonne en nous nous touche, sinon, il serait rapidement mis de côté sans nous déranger. Puisque bien parler ne coûte rien (et cela fait même très bonne impression avec peu d'efforts), je conseille à mes amies qui sont en mode « lamentations » de faire ceci : quand leur mari les agace, qu'elles fassent comme Marie qui conservait tout dans le silence de son cœur. Reportons notre grognement et essayons de savoir si cette irritation ne nous dit pas quelque chose d'important sur nous-mêmes (je sais, mon cher mari, ce sont de belles paroles... mais elles sont pour mes amies, pas pour moi). Je parle au féminin car je connais mon espèce : pour parler à une femme de tout cela, nul besoin, comme avec un homme, d'avoir fait toutes ses études ensemble (de la maternelle à la fin de l'université), d'avoir bu, de se retrouver au beau milieu de la campagne à attendre la dépanneuse depuis deux heures et quart, ou bien d'être incroyablement tristes au point d'avoir envie de parler. Cependant, je sais de façon certaine – j'ai mes sources – que de nombreux hommes aiment à penser qu'ils ont les ailes rognées à cause de leur femme. Qui sait ce qu'ils auraient accompli s'ils ne s'étaient pas mariés ? Quelles aventures outre-Atlantique et quelles conquêtes fantastiques ? J'ai bien peur que ce ne soient les mêmes qui tournent en rond dans la maison en posant à leur épouse des questions éplorées sur les multiples doutes qui les assaillent comme : « À ton avis, je prends une douche ou un bain ? ».

De toute façon, nous rencontrons des limites quelle que soit la vie que nous choisissons. Et c'est très bien comme ça, parce que de fait, nous sommes limités. Il nous est ainsi impossible d'ignorer que nous ne sommes pas capables de voir par nous-mêmes ce qui est bon pour nous. Il nous faut le demander dans la prière, pour être persuadés qu'« il n'est pas bon que l'homme soit seul » et que chacun de nous doit donner sa vie à quelqu'un d'autre. Que ce soit à une créature ou directement à son Créateur. Cette créature seule ne pourra pas nous combler définitivement, mais elle nous accompagnera sur la route, parce que nul ne peut ni ne doit cheminer seul. Personne ne peut distinguer par lui-même tout ce qu'il y a à voir : c'est le regard d'un autre qui nous révèle à nous-même.

Beatrice n'est jamais effleurée par l'idée que Paolo la complète et que c'est son rôle de lui indiquer ce dont elle a encore besoin pour être sainte, donc plus heureuse. Depuis qu'elle l'a épousé, son mari est son chemin vers Dieu et elle ne saurait en choisir un autre au gré de ses humeurs.

Ce qui nous limite, plus exactement ce qui nous apparaît comme une limite, constitue en réalité un soutien. Cela nous garde debout en nous empêchant de tomber et de provoquer des catastrophes. Cela nous permet de ne pas être seuls, stériles, égoïstes, infantiles et fragiles. C'est ce que l'obéissance offre aux personnes consacrées et je ne trouve pas de meilleure image que celle choisie par Giotto (qui s'y connaissait en images) : dans les toiles de la Basilique mineure à Assise, l'obéissance soutient saint François comme un porteur qui lui soutiendrait les épaules par derrière. Cela semble entraver ses mouvements mais en fait, cela le fait tenir debout. C'est un soulagement et une aide à la marche, exactement comme l'était le trotteur que l'on utilisait autrefois pour les enfants qui effectuaient leurs premiers pas (la puériculture a aussi ses modes, comme nous le savons bien, nous qui avons grandi chaussées de bottes orthopédiques qui étaient dans les années 1970 le minimum du kit *Maman Consciencieuse*).

Ces discours provoquent chez mon amie des crises d'asthme ou l'envie soudaine de raccrocher pour aller extraire du nickel dans une mine bolivienne inaccessible au portable, c'est-à-dire à moi : non seulement elle n'est pas croyante, mais elle ne supporte aucun discours concernant Dieu. Je ne sais pas ce qui lui a été dit, mais elle le considère comme un sadique qui veut la soumettre avec des ordres tristes, exigeants et très fatigants à exécuter. Il lui suffirait pourtant un jour de prêter attention à cette inquiétude qui ne lui laisse aucun répit, ce sentiment d'inachèvement et cette colère qui demande des réponses, colère dont le responsable n'est pas son mari.

« C'est quoi ton style de marque ? » me demanda un jour une amie à qui je n'arrivais pas à expliquer mon inquiétude du jour. J'ai commencé à regarder parmi les habits que j'avais sur le dos, au cas où j'aurais porté par erreur un vêtement griffé (je n'en portais pas).

« Je suis de la marque vide » a-t-elle répondu pour moi. J'étais encore en train de chercher ma marque, mais la seule marque que j'avais trouvée était une trace laissée par ma fille Livia et son nez qui coule (je ne crois pas que ce soit une marque déposée). Mais réellement, comme elle me l'a dit, nous sommes tous de cette marque-là : « Vide ». C'est inscrit en nous, à travers cette tristesse qui réside au fond de toute chose humaine. Et également au fond de toute chose spirituelle, étant donné que notre existence sur Terre est toujours un « pas encore », une vision « imparfaite » comme celle donnée par un miroir. C'est l'inachevé, dépeint dans la plus belle déclaration d'amour que j'aie jamais entendue : celle de saint Anselme d'Aoste à Dieu. « Que je te cherche en te désirant ; que je te trouve en t'aimant et que je t'aime en te trouvant ».

Notre être masculin et féminin est entièrement tourné vers cette recherche de la plénitude. La Genèse rapporte que Dieu a créé l'homme « à son image, homme et femme ». Il ne s'agit pas d'une carrosserie extérieure endossée par des êtres humains indifférenciés, mais d'une nature profonde qui, dans la différence, dit justement quelque chose de Dieu. C'est la tension entre masculin et féminin qui révèle une chose essentielle de l'image de Dieu. Le rapport entre masculin et féminin est une figure de la Trinité et de l'amour qui unit les trois Personnes. C'est l'amour dans lequel les trois Personnes subsistent éternellement, puisque quand Jean écrit que « Dieu est amour », il ne parle pas d'une qualité de Dieu ou seulement de la relation trinitaire mais aussi de l'essence divine elle-même.

Homme et femme sont appelés tous deux au « sacerdoce royal », c'est-à-dire à la perfection, mais ils y parviennent selon leur don particulier, leur propre « accent existentiel » comme le dit le théologien russe orthodoxe Pavel Evdokimov. Deux accents qui agissent ensemble en se renforçant et en s'exaltant l'un l'autre : si l'instinct masculin de l'agressivité et de la guerre réussit à s'accorder à celui de la femme, il se transforme. La corde tendue devient capable de produire de la musique, laquelle requiert en outre que les cordes soient plurielles et qu'elles jouent ensemble.

Les cordes féminines sont l'instinct de vie, de construction et de protection du sacré. La femme accueille, intériorise et conserve les paroles dans le secret de son cœur. L'homme est davantage porté vers l'extérieur : il se déploie, il féconde et il construit.

La femme préserve la vie et sera toujours là pour rappeler à l'homme qu'il doit prendre soin de sa dignité et avoir conscience de la valeur qu'il a en tant qu'être unique et non reproductible. Elle le fait parce qu'elle a plus d'intimité avec les mystères de la foi et des sacrements, auxquels elle conduit ses enfants, qu'ils soient de sa chair ou non, car une femme accomplie est toujours mère.

C'est justement parce qu'elle est plus proche de la vie et de son sens que la femme n'a pas peur de ses propres limites. Elle ne craint ni de les reconnaître ni de les nommer. Elle n'a pas non plus peur du temps – je dois encore cette image au grand Evdokimov – parce qu'elle sait que le temps permet, comme dans la gestation, de produire une nouvelle vie : celle des personnes qui lui sont confiées. La femme est capable d'aller à l'essentiel de ce qui sert à la vie de chacun, mais avant tout à celle de l'homme. Dans la Genèse, elle est en effet une « aide qui lui correspond ». La femme est comme un miroir qui reflète le visage de l'homme, le lui révèle et le lui dévoile.

Petite parenthèse bien peu théologique : les miroirs ne parlent pas, à l'exception de celui de la méchante reine dans Blanche-Neige. Ils reflètent l'image sans faire de commentaires. Nous devons faire la même chose avec notre homme. Le convaincre par notre beauté, le laisser nous suivre et simplement le laisser s'entrapercevoir (car le saint des saints au fond de notre cœur, personne sauf Dieu ne peut y entrer). Cessons de faire des sermons, parlons à travers la vie, avec patience, parce que le temps qui servira à la croissance de la pousse n'est pas une préoccupation qui doit nous concerner. Mes peu nombreuses, mais solides, connaissances de la gent masculine me disent qu'on ne persuade un homme qu'ainsi : quand quelque chose touche son cœur, quand notre bonté et notre cohérence le contraignent à voir son reflet dans une beauté heureuse, pour lui prophétique.

Voyant son image dans notre miroir, l'homme peut aller au-delà de son être, sortir et se déployer dans le monde dont il est le maître et le seigneur, un *dominus* dont on inspire la mission et que l'on complète.

Cette merveilleuse dynamique masculin/féminin est un prodige auquel seule la fantaisie de Dieu pouvait confier la transmission de la vie, c'est-à-dire l'engendrement d'enfants destinés à vivre éternellement. Je ne saurais expliquer comment cela a pu conduire à la lutte des sexes, mais les femmes vont mal depuis qu'elles ont adopté les logiques masculines.

Combien d'épanchements... « J'ai tout raté. Je me suis battue et dépensée pour les mauvaises choses. » Combien de demi-aveux, de reconnaissances courageuses... « Je t'envie parce que tu as mis la famille à la première place, moi, maintenant, il ne me reste rien ! » Combien de femmes se sont laissées convaincre qu'il était juste de se mettre à la première place, « parce que je le vaux bien », « parce que je suis mon premier amour », « parce que si je ne suis pas bien avec moi-même, je ne peux pas faire du bien aux autres » (comme si ce n'était pas plutôt le contraire : nous sommes bien parce que nous aimons et prenons soin de ceux qui nous sont confiés), « parce je ne dépends que de moi-même » (comme s'il n'était pas vrai que chacun de nous, homme ou femme, est un être relationnel et dépendant – oui, il n'y a rien de mal à cela – de Dieu et, par voie de conséquence, dépendant en quelque sorte des personnes que nous aimons).

Il me semble désormais clair, établi et rabâché à toutes les sauces de manière agaçante que les femmes sont capables de faire les mêmes choses que les hommes (on fait alors généralement cette liste d'exemples compréhensibles pour des enfants de l'école primaire : astronaute, chef d'État et physicien nucléaire, pour démontrer à quel point les femmes sont compétentes, ce qui conduit à ces lieux communs : « le vrai sexe fort », « mais je les ai toujours respectées », « moi, tu penses ! », « et puis, ma grand-mère a fait des études »).

D'accord, on sait faire, mais la question est : à quel prix ? Combien de temps et d'énergie sont retirés au mari et aux enfants pour arriver aussi haut ? Combien de nounous essuieront les larmes que nous aurions dû essuyer nous-mêmes ? Combien de devoirs aurions-nous pu regarder dans le calme, apprenant ainsi à nos enfants à utiliser leur cerveau le mieux possible ? Combien d'histoires aurions-nous pu lire ? Combien de confidences aurions-nous pu recueillir ? Combien de conversations entre nos enfants et leurs amis aurions-nous pu écouter secrètement pour mieux les comprendre ? C'est vrai que les femmes doivent choisir, car la journée n'a que vingt-quatre heures (je trouve moi aussi que c'est une grave injustice : je vais saisir la Cour de justice de Strasbourg).

Et le travail mis à part, combien de femmes se sont fait avoir par la rhétorique du temps pour moi, pour le coiffeur, pour la salle de sport, pour les amies, laissant ainsi les miettes aux enfants, oubliant que les années volent et que les enfants grandissent... si vite ?

Il ne me semble pas opportun de m'étendre sur le sujet du travail féminin, parce que je voulais seulement donner quelques conseils à mon amie Beatrice et essayer de lui faire entrevoir la possibilité d'« être » la femme de son mari, si cette idée ne lui paraît pas trop bizarre. Quoi qu'il en soit, concernant le travail – c'est hors sujet mais la tentation est trop forte – il me suffit de répéter mon mantra : horaires flexibles pour les mamans. Nous sommes entrées dans le monde du travail, cherchons maintenant à en changer les règles. Et ce n'est pas pour faire partie de conseils d'administration, problème très important pour une femme sur cent mille. Pour toutes les autres, c'est-à-dire nous, les femmes normales, le vrai rêve serait d'être évaluées sur la base de notre productivité et pas sur les heures de présence à un poste de travail, pour notre courage et pas pour notre aptitude à laisser les enfants à la garde d'autrui jusqu'à 21h.

Une maman à qui sera donnée la possibilité de concilier tous les aspects de sa vie sera extrêmement loyale et reconnaissante envers ceux qui le lui permettent et elle ne s'économisera pas : elle travaillera à la maison même si elle a de la fièvre, elle passera des coups de fil tout en emmenant son enfant chez l'orthopédiste, elle écrira un article ou un rapport en regardant une partie de football, elle se promènera avec une banane dans la poche (il paraît que c'est tendance) pour éviter la cafétéria et des petits chocolats fourrés au café dans son sac à main pour ne pas aller en acheter au bar (on dit que c'est la dernière norme de l'élégance).

Afin que Paolo et Béatrice soient un peu plus heureux, j'ai trouvé le cadeau qu'elle devrait lui faire : un bouclier et une épée, rien de moins.

Le bouclier permettrait à Paolo de se souvenir qu'il est un guerrier et qu'il doit protéger sa famille contre toutes les attaques qu'elle subit, du dedans et du dehors. La liste est longue car tout tend à déconstruire la famille : la culture, l'organisation de la vie, le travail, les horaires urbains. Comme il est inutile de se battre contre certaines choses (il y a certainement un proverbe indien à ce sujet), le bouclier lui servira avant tout à se défendre contre ce sens de la parité mal entendu qui conduit son épouse à faire la chef à la maison, à le gronder, à le critiquer et à lui donner sans cesse des ordres.

Si elle comprenait à quel point cela en vaut vraiment la peine, ce serait tellement facile pour mon amie de faire que son mari se sente avant tout libre, puis accueilli, aimé et soigné. Il suffirait de quelques petites attentions : lui permettre de se reposer quand il en a besoin ou le laisser apporter sa contribution à la maison selon ses propres capacités, peut-être aussi à son rythme et à sa manière. En effet, l'une des règles de base quand on appelle quelqu'un à la rescousse, c'est d'accepter l'aide qui peut nous être donnée. On ne peut pas exiger que celui qui dispense un coup de main fasse les choses comme nous les aurions faites nous-mêmes et Beatrice ne se rend pas compte du nombre de femmes qui, comme elles, veulent que leur mari partage les tâches domestiques pour en pratique exiger que l'homme exécute des ordres. Si on doit recevoir de l'aide, on remercie pour ce qui est donné et voilà. On ne peut pas demander à un homme de se lever la nuit pour rendormir un bébé et ensuite continuer à le stresser : « Donne-lui des petites tapes sur le dos, ramasse la tétine, tiens-le sur l'épaule, reste en équilibre sur une jambe sans respirer en chantant six fois de suite *Chut plus de bruit, c'est la ronde de nuit* ». Il a une façon de faire à respecter. Sinon, on se lève soi-même (ce qui est d'ailleurs chaudement recommandé).

C'est vrai, Paolo a une idée du dîner sain pour une progéniture dont la moyenne d'âge est de cinq ans et demi qu'il faudrait dénoncer. Mais peu importe (s'ils se réveillent le lendemain matin encore en vie, cela veut dire qu'ils ont une constitution saine et robuste). Quant à sa notion de l'ordre, il est bon que Beatrice sache d'emblée que, s'il est chargé de ranger une pièce, il découvrira alors soudainement, au bout de cinq années de vie dans cette maison, que ses filles sont dotées d'une armoire, laquelle est même dotée de tiroirs. Et que la locution « mets les maillots de corps dans le tiroir, là, à droite » résonnait comme une langue étrangère à son oreille. De toute manière, avant qu'il n'ait pu traduire cette phrase, il aura décidé, avec une rapidité toute masculine, de graisser légèrement le tiroir qui ne glisse pas bien et, pour ce faire, aura jeté par terre quelques kilos de sous-vêtements féminins qui y étaient rangés. Il est clair que Paolo est un adepte du credo « une cuisine immaculée est le signe d'une vie gâchée », auquel, pour l'anecdote, j'adhère également.

Ce sont souvent les femmes elles-mêmes qui se soumettent volontairement à l'esclavage domestique. Elles veulent maintenir un certain standard de perfection (maladie féminine), quitte à se lamenter ensuite ou à prétendre avoir besoin d'aide de la part de quelqu'un qui ne partage pas ce zèle hygiéniste. Une aide qui coûte bien plus à l'homme qu'à la femme, parce qu'il n'éprouve pas de satisfaction à contempler avec joie une maison astiquée et ordonnée. Par exemple, si je demande à mon mari s'il est content, après que j'ai mis de l'ordre avec une rage de forcenée pendant deux heures (ma maison atteint l'état de grâce vers minuit, bien après l'heure de retranchement pour les enfants), il me répondra probablement : « Oui, assez, même si l'arbitre n'a pas vu un penalty l'équipe italienne. »

Certaines fois, Beatrice tape des pieds comme une petite fille de cinq ans. Elle fait des caprices comme ses deux filles, au lieu de se comporter comme une femme adulte et solide. Le bouclier servira aussi de défense à Paolo dans ces cas-là.

Quand les aspirations de sa femme correspondent en fait aux prétentions d'une petite fille qui n'a jamais eu de père pour la rassurer (fonction principale d'un père pour une fille) son mari est autorisé à ne pas la satisfaire, parce qu'il est justement un mari et non un père. D'autre part, à un certain âge il faut faire le deuil de notre enfance blessée, surtout si on est devenu parent. Il faut cesser alors de taper dans le vide ou contre son mari.

Et puis il y a l'épée. Beatrice se dépense pour mille choses mais quand c'est le moment de s'occuper de son mari, elle est extenuée. L'épée servira à couper tout ce qui ne sert pas et sur ce point, les hommes sont beaucoup plus lucides et courageux que nous. Paolo devra être capable de tailler quelques branches avec la lame, pour contenir son désir d'avoir toujours des gens autour d'elle, d'inviter, d'organiser, d'accueillir, d'ouvrir ses portes et d'avoir la maison toujours pleine sans se demander ce que son mari en pense et surtout, sans lui réserver la meilleure part de son énergie, de son affection et de ses élans. Elle est toujours prête à porter secours à quiconque – aux dépens de sa famille ou de son couple, puisque rien ne se fait sans ôter quelque chose à quelqu'un – en mettant toujours son mari en queue de train ! Eh bien il sera indispensable de tailler un peu cet arbre afin de le faire pousser droit. Ce sera un peu douloureux, mais il faut le faire et seul un homme en est capable.

Au lit…

Cher Paolo,

Peut-être n'est-ce pas dans mon intérêt, mais voici pour toi une épée et un bouclier. Ils te serviront pour défendre notre famille et parfois pour te défendre contre moi, quand je suis déraisonnable et capricieuse. Ils te serviront pour couper tout ce qui ne nous sert pas à nous deux et à nos filles. J'approuve dès maintenant ce que tu feras, même si je ruerai dans les brancards sur le moment. De mon côté, je chercherai à être plus belle, pour te redonner envie de me suivre. Mais tu devras vaincre ta paresse légendaire.

J'essaierai d'être, par ma beauté, le miroir qui reflète ton vrai visage et le corrige en le révélant. La bonne nouvelle, mais peut-être n'y croiras-tu pas, c'est que les miroirs ne sont pas doués de parole.

Beatrice

Tu es grand, grand, grand
ou De l'éternelle adolescence

« Sois toi-même », ou mieux, « Trouve-toi », qui offre en plus le frisson un peu exotique du voyage, est un slogan vieillot mais toujours efficace pour vendre des gadgets électroniques, des chaussures de sport ou des billets d'avion, mais il ne lève pas l'un de mes doutes : si ce que tu es est une nullité, dois-tu vraiment te trouver ?

À Michele, je ne confierais ni une plante grasse ni même la petite tortue d'eau que j'avais à l'école primaire : il est tellement absorbé par la recherche de lui-même que, bien souvent, il n'arrive pas à remettre la main sur sa facture de gaz. Il n'a pas de temps à consacrer à des broutilles telles que respecter une échéance ou prendre soin de quelque chose (ne parlons pas de quelqu'un) qui lui imposerait des limites.

Je me comporte avec lui comme si je lui étais supérieure en termes d'irresponsabilité (à dire vrai si je ne partageais pas avec mon mari la responsabilité des enfants, ce serait assez explosif). C'est la raison pour laquelle Michele et moi sommes devenus amis, pendant un stage de journalisme, il y a de nombreuses années (c'est là que j'ai demandé à un ministre s'il était « par hasard, excusez-moi, le ministre ou peut-être l'un de ses proches ? »). J'ai appris ce jour-là que :

a) Si tu as un entretien avec un membre du gouvernement tu dois au moins savoir à quoi il ressemble.

b) Fais toujours comme si tu connaissais tout le monde, même un syndicaliste de troisième rang (tu demandes son nom ensuite au collègue, pas à la personne interrogée). C'est d'ailleurs pour cela que tout le monde chuchote à la fin des conférences de presse, pour se dire des trucs du genre : « Mais c'était qui, celui-là ? », quand ce n'est pas : « Il est où le buffet ? ».

Nous sommes amis depuis cette mésaventure, bien qu'ayant des vies très différentes. Je suis une vieille quarantenaire qui travaille et fait la maman, lui est un jeune quarantenaire qui travaille et me regarde l'air stupéfait quand, en cherchant mon téléphone dans mon sac, je tombe sur une dent de lait, un bonnet de bain, six bonbons entamés et pleins de poils, un volume de la liturgie des heures, de la lingerie intime (la bretelle me dérangeait) et un morceau de parmesan (mon repas). Mon rêve est de pouvoir dormir dix heures d'affilée, le sien est d'être envoyé pour les présidentielles aux USA, même s'il est tellement détendu au travail qu'il semble toujours sur le point de mettre le contenu de son bureau dans une boite en carton, de quitter ce poste fixe et d'aller vivre pieds nus sur une plage de Juan-les-Pins, pour manger des poissons grillés et jouer de la guitare avec un sosie de Brigitte Bardot. Je vais à des fêtes au parc, il fréquente les salons. Je suis émue de voir mon mari et mon fils parler de la Seconde Guerre mondiale entre hommes, il part à la chasse aux émotions nouvelles (il ne me raconte pas tout mais j'ai appris à traduire : je sais maintenant que « j'ai soutenu Alessandra pendant une période difficile » signifie « nous avons couché ensemble deux ou trois fois »).

Michele est un jeune homme, d'accord. Mais je parle de lui pour parler de moi et de ce que je serais probablement devenue si je n'avais pas choisi la famille ou plutôt, si Dieu ne m'avait pas choisie pour m'offrir mon mari et fonder une famille. Au fond, nous sommes tous un peu des jeunes gens pauvres, contradictoires, faibles, incohérents et blessés. Nous ne sommes pas aussi nobles que nous le pensons, mais à l'image d'un mystère, insaisissables. Seules la famille et la vie consacrée nous empêchent de faire de trop grosses bêtises ; elles sont comme le lit d'un fleuve qui nous permet de nous diriger vers la haute mer.

« L'homme n'est pas seulement une liberté qui se crée d'elle-même. L'homme ne se crée pas lui-même » dit Benoît XVI. Ta nature ne contraint pas ta liberté, elle est une condition pour que tu puisses fleurir. Tu joues les cartes que tu as en main comme tu veux, mais tu ne peux pas en piocher d'autres, car ce serait de la triche et cela te mettrait tôt ou tard hors jeu.

Faire beaucoup d'expériences, tout essayer, ne pas prendre la vie sérieusement, ne pas assumer ses responsabilités, n'avoir personne à charge et repousser les limites... Ce sont des tentations toujours présentes. Pourtant, ce sont les limites, justement, qui nous définissent. C'est seulement lorsqu'on est conscient de sa limite que l'on peut demander de l'aide. « Il vint parmi eux et les trouva tous ivres, aucun d'entre eux n'avait soif » dit Jésus dans un fragment apocryphe. Je ferais volontiers ici une pause de quelques années pour réfléchir à ce mystère, à cette limite qui, au lieu de nous enfermer dans un enclos, nous donne soif, nous ouvre à l'infini et à Dieu. Le baptême nous fait découvrir que notre problème est l'ego. Nous avons un vieux disque dur, un dispositif désuet peu fiable et dont le système opérationnel est très lourd. Nous fonctionnons seulement si nous nous confions à Dieu et que nous renonçons à nous-même.

Ce sont vraiment nos limites qui nous rendent aimables, parce qu'elles nous obligent à nous présenter devant Dieu si nous voulons survivre. En fait, à chaque fois que j'ai un ennui et que je veux vraiment me plaindre, j'appelle Giuliana qui me tapote l'épaule, et non pas mon père spirituel qui me dira forcément que tout obstacle sur le chemin est une grâce merveilleuse (je ne voulais pas du tout remercier, seulement râler). Mais on ne peut devenir une personne digne de ce nom que lorsque l'on commence à assumer nos embêtements et peut-être même ceux des autres. J'ai mis du temps à comprendre ce que pouvait signifier : « Heureux ceux qui ne fonctionnent pas », une béatitude forgée par un saint prêtre pour résumer toutes celles du sermon sur la montagne. Heureux sommes-nous si nous ne fonctionnons pas parce qu'il est ainsi clair que nous avons vraiment tous besoin de Dieu.

Pour beaucoup d'entre nous, la limite est souvent tout simplement cette « médiocrité » qui nous sauve. Il s'agit de rester à notre place, dans une acceptation passionnée, ce que Madeleine Delbrêl appelle la passion des patiences : c'est « l'autobus qui passe plein, le lait qui déborde, le téléphone qui se déchaîne, l'envie de se taire quand on doit parler, l'envie de parler quand on doit se taire, le désir effréné de tout ce qui n'est pas à nous ». Habituellement, ma passion des patiences concerne, pour plus de précision, l'abonnement des autocollants pour l'album de mon fils que j'ai oublié d'envoyer (je serai radiée de l'ordre des mères), les petits cochons en caoutchouc coincés dans l'imprimante et le fait que chez moi il ne pleut jamais sur les tamaris brûlés du jardin mais toujours sur le costume pour le spectacle du lendemain matin, oublié dehors en train de sécher (une pensée *in requiem* pour mon poêle qui a ainsi séché rapidement plusieurs costumes et rendit l'âme après m'avoir soutenu loyalement dans d'autres moments difficiles).

Mais il y a un mystérieux pouvoir salvateur dans le fait de rester fidèle au poste. D'ailleurs, c'est un signe de maturité que de désirer ce que l'on a, d'être ce que l'on est sans accuser les autres, sans se trouver d'excuses, sans invoquer une enfance malheureuse, sans dire « ce n'est pas de ma faute », « personne ne me comprend », « je ne suis pas mise en valeur », « personne ne sait ce que je suis en train de vivre », « c'est aussi un peu à cause du métabolisme » – sans doute, et de la crise aussi – et « j'ai crevé » et « il pleuvait » ! Oui, peut-être pleuvait-il aussi des grenouilles et les feux étaient-ils tous au rouge.

La vie est tout simplement difficile en elle-même. Nous, les chrétiens, nous ne cherchons pas la souffrance mais elle arrive forcément à un moment ou à un autre. Nous la nommons « croix », pendant que beaucoup de nos connaissances l'appellent « tuile » et lui enlèvent ainsi son pouvoir salvateur. La malchance, tu l'exorcises avec les talismans. La croix, tu l'accueilles à bras ouverts, tu n'en perds pas une miette et alors tu es sauvé.

Quelle dose de malheur y a-t-il autour de nous ? Je parle du vrai manque de bonheur, pas de celui que je me suis parfois infligé en proposant par exemple de coudre à la main les poupées pour la vente de charité de la maternelle (je les ai ensuite toutes achetées, oui, toutes celles que j'avais produites, parce que les poupées atteintes de calvitie ont peu de succès) ou quand j'ai dit oui à mon mari qui me proposait de voir une rétrospective complète de Stanley Kubrick, à condition malheureusement que je ne ronfle pas.

Je suis certaine de m'être lancée sur un terrain, peut-être un peu plus philosophique et théologique, qui n'est pas le mien. Mais cela étant dit, de quel terrain pourrais-je dire qu'il est le mien ? L'allaitement acrobatique ? La course d'orientation sportive (ce qui me sert le matin pour parcourir le couloir sans lentilles de contact jusqu'à la cafetière) ? Le lancer d'enfant, catégorie plus de 15 kilos (cela sert à les introduire à la maternelle par l'entrebâillement de la porte quelques centièmes de secondes avant que le concierge ne la ferme) ? Quoi qu'il en soit, je suis désormais sur ce terrain qui n'est pas le mien et je voudrais conclure ce raisonnement.

Immergés dans ce bouillon culturel, nous nous attendons à ce que tout vienne à notre rencontre. Nous ne savons pas supporter les désagréments auxquels des générations entières ont été en quelque sorte préparées : ils nous prennent toujours par surprise, comme s'ils étaient hors normes. Quant à nous occuper des problèmes des autres, la proposition sonne incongrue à nos oreilles. Pour les contemporains que nous sommes, seul le présent semble exister, l'immédiat, l'illusion du contrôle à travers la technique, pour essayer d'oublier la mort et la souffrance.

Michele pense être anticonformiste (d'ailleurs, qui aimerait se dire conformiste ?) mais il me semble plutôt un monsieur tout le monde, la preuve vivante que l'absence de bonheur est garantie si tu évinces Dieu de ton horizon et que tu te mets tout seul au volant en suivant tes instincts, tes passions, tes émotions, tes idées nombrilistes, sans un rapport au Père qui te sert de rétroviseur et de point cardinal. La suppression de Dieu à l'époque des Lumières était censée éloigner les peurs, mais il suffit de jeter un coup d'œil à l'armoire à pharmacie de Michele (à peu près de la taille d'un garage) : il a tellement de médicaments que je crois qu'il les prend un peu au hasard, peut-être selon la couleur de son polo. D'ailleurs, je crois qu'il a acheté certaines couleurs pastel de chez Lacoste – si tristement pastel qu'à sa sortie du magasin, le vendeur a dû inviter ses amis à fêter ça – parce qu'elles s'accordent justement avec le cachet qui le soigne de ses « douleurs aigües ». Faire un voyage en avion avec lui est plutôt instructif : je l'ai vu de mes propres yeux garder par superstition les accoudoirs du fauteuil surélevés avec un sérieux extrême, convaincu d'avoir le devoir de permettre ainsi au pilote de sauver tous les passagers (d'ailleurs, on sait que les aléas de la vie sont trop effrayants pour un homme seul et celui qui ne croit pas en Dieu est prêt à croire en un tas de choses : tarots, rituels, signes, illuminations et autres). Mais son habileté la plus fine, plus encore que le soutien aéronautique, est sa capacité acrobatique à justifier ses désastres sentimentaux : en substance, d'après sa version, l'autre était toujours très seule (traduction : il a couché avec elle) mais il ne peut pas la laisser dans l'illusion d'un futur qu'il ne peut peut-être pas lui promettre (il n'y pense même pas). Il doit d'abord mûrir la décision d'être en couple (maintenant je te prie de m'excuser mais j'y vais, je sors avec quelqu'un ce soir). Les Michele ont toujours un grand amour et un grand futur, mais secrets. Un des soucis les plus lancinants qui m'afflige dans l'hypothèse de ma mort prématurée, laquelle arrivera certainement si je continue à dormir aussi peu, est aussi d'emporter quelques secrets dans ma tombe (comme l'endroit où se trouve le carnet de vaccinations, la manière de faire un gâteau glacé avec du sable et des cailloux, ou l'endroit exact qu'il faut pincer sur le tuyau pour faire arriver l'eau dans la petite baignoire) mais surtout la crainte de ne pas le savoir casé sentimentalement.

Freud fut l'un des esprits tutélaires de la révolte anti-autoritaire, avec son idée que la nature humaine est constituée de pulsions instinctives. La découverte de l'inconscient a en quelque sorte favorisé ces pulsions : il semble maintenant qu'elles doivent nécessairement être révélées, autorisées, encouragées et satisfaites pleinement (compris Michele ? Tout ce qui te vient n'est pas nécessairement bon parce que cela te vient). En fait, Freud déteste Dieu. L'exergue à *L'Interprétation des rêves* reprend cette adage : *Flectere si nequeo Superos, Acheronta movebo*, l'un des vers les plus terribles de l'*Énéide* de Virgile : « Si je ne peux fléchir les cieux d'en haut, je franchirai l'Achéron. » Il prend le risque d'une descente aux enfers ! Dédouaner l'inconscient, donner droit de cité et de libre expression à tout ce qui s'ensuit équivaut à se livrer au démon, sans même essayer de lui opposer résistance, ou mieux, de fuir (sainte Catherine disait que le diable est méchant, mais qu'il est attaché à une chaîne et si tu ne t'approches pas trop, il ne peut pas te mordre). Et on sait que le démon veut notre mort et le malheur définitif, en nous encourageant à suivre nos instincts.

Pendant des siècles en revanche, les récits, les sagas, les épopées qui ont commencé avec l'*Iliade* et l'*Odyssée*, ont raconté la tentative de l'homme de se dépasser lui-même, de vivre donc une ascèse : récit de la lutte d'un petit être contre l'énormité de son destin et contre sa faiblesse, poèmes sur la soif de gloire, les montagnes à franchir, les sentiers jamais battus, les beautés impossibles, mais aussi le respect pour l'ennemi et la soif de connaissance.

Après, si personnellement et secrètement tous ont mené ce combat, c'est à voir, mais c'est une autre question.

Toi aussi, Michele, tu es un homme au génie multiforme. Mais vers où va ton chemin ? Quelles tempêtes et quels ennemis as-tu défiés ? Et pour en arriver où ?

Ne me dis pas que tu es content de ta journée qui, à part le travail, va comme ci, comme ça, parce que si tu ne donnes pas ta vie à quelqu'un, tu ne peux pas être heureux et cela, tu le sais. Cela fait tendance, je sais, de dire que l'on se contente de petits plaisirs : la télécommande qui fonctionne encore même avec des piles déchargées, la boite de cigarettes qui n'est pas vide (il y en avait une au fond), le supermarché qui a ta marque de yaourts préférés. Ton écrivain préféré et gourou a mis dans la liste des choses pour lesquelles cela vaut la peine de vivre la *mozzarella di bufala*, je pensais bêtement que c'était seulement un truc qui se mangeait.

J'aimerais que tu rencontres une fille qui ait le courage de te proposer une chose audacieuse, incroyable et vraiment excitante : la chasteté avant le mariage. Je te l'écris parce que je sais que si je te le disais de vive voix, tu me frapperais. Et pourtant, regarde mes amis Clarissa et Andrea : mariés depuis vingt ans, cinq enfants... Et je pense que leur vie intime te ferait rêver. On sent qu'elle est intense à la façon qu'ils ont de se regarder, de se sourire et de s'effleurer. On ne va pas poser de questions car comme tu le sais, c'est un sujet dont je ne parle jamais. Il est bon de garder fermée la porte de la chambre à coucher, ce laboratoire où l'on transmet la vie, avec la pudeur que méritent les choses les plus précieuses (si l'on n'a pas ce sens de la pudeur, comment peut-on avoir une intimité avec soi-même ?). Quoi qu'il en soit, sache que Clarissa et Andrea se sont connus avec délicatesse et se sont rapprochés progressivement, ce qui est le sens des fiançailles. Quand l'autre ne t'appartient pas, tu n'as pas la prétention de le faire changer, mais tu es disposé à l'accueillir et à essayer de changer, sans être en sa possession mais au contraire librement. Peut-être pourrais-tu toi aussi trouver « celle » qui te convient.

Les jeunes comme toi devraient comprendre qu'il faut faire avec les filles comme avec les chaussures : tu les essaies dans le magasin, sur le tapis, en veillant à ne pas les salir. Tu peux ainsi en comparer autant que tu veux, c'est même bien de le faire. Mais si tu sors avec ces chaussures sans les avoir vraiment choisies, alors tu les abîmes. Et si tu veux les rendre, tu vas devoir raconter plein de mensonges.

Dans l'histoire de mes amis, la chasteté a permis d'éviter beaucoup de confusion. Elle leur a donné le regard transparent de ceux qui disent oui avec leur corps parce qu'ils le disent avec toute leur âme. Une fois que la sexualité est entrée dans la relation, la relation change complètement : l'homme perd le défi de la conquête qui le rendait attentif aux détails (à vrai dire le mien était distrait même avant), tandis que la femme commence malheureusement à vouloir plus de garanties. C'est pourquoi je suis certaine que le tube de Police, *Every little thing she does is magic,* a été écrit pour une femme qui, disons les choses ainsi, n'a pas encore permis à l'homme de franchir la ligne rouge! C'est seulement pour cela qu'il trouve que toutes les actions de sa bien-aimée sont magiques. C'est seulement à ce moment-là de l'histoire qu'il est capable de l'écouter avec intérêt pendant ce long raisonnement expliquant pourquoi il vaut mieux planter là dans le coin des narcisses plutôt que des roses. Après, normalement, il a tendance à quitter la pièce et à vous laisser parler toute seule (je le dis pour lui faire honneur : mon mari, lui, l'a toujours fait avec une cohérence très virile depuis que l'on se connaît, pour ne pas me donner de mauvaises habitudes).

Nous savons bien que la sexualité est incroyablement banalisée. Je te promets que je ne vais pas te faire la morale sur le sujet. Je voudrais juste te dire qu'il est bon de se préserver pendant l'attente, si ce n'est pour de profondes raisons théologiques que je partage d'ailleurs, au moins pour des motifs simplement humains. Quand ils ne sont pas mariés, la femme s'offre à l'homme parce qu'elle veut le garder ; il se défoule puis il s'éloigne. Alors elle s'offre encore plus et commence ainsi la danse des mensonges : mensonges parce que leur vie ne correspond pas dans le quotidien à ce que fait leur corps. À l'union absolue et totale dans l'amour physique font écho deux vies séparées qui ne vont pas dans la même direction et les mensonges commencent pour sauvegarder une situation erronée. Bien sûr, toi qui es habitué à tout autre chose, tu aurais besoin d'une femme intelligente et autonome qui sait qu'à travers la sexualité, elle ouvre son sanctuaire et que, bien que la télévision, le cinéma, les livres et les journaux cherchent à la convaincre du contraire, il n'est pas vrai qu'avant ou après rien ne change, car dans les faits, tout change. Elle finira par souffrir si sa vie ne correspond pas à cette ouverture totale. Nous avons appelé la banalisation de la sexualité conquête, comme celle de l'avortement, mais nous sommes les premières à en souffrir et à nous retrouver seules.

J'aimerais beaucoup qu'une femme spéciale et courageuse, à contre-courant, t'invite par sa pudeur (signe d'une vie intérieure merveilleuse qui mérite d'être défendue) à prendre tes responsabilités. Une femme qui te conduirait à Dieu en te laissant la suivre, comme l'a fait Clarissa avec son mari. Elle l'a conquis pour toujours et tu devrais voir comment il la regarde (d'accord, parfois il la regarde aussi comme si elle était folle... quand par exemple dans sa lutte perpétuelle contre les kilos en trop, elle adhère à des théories nutritionnelles discutables, telle que celle qui s'appuie sur le pouvoir amaigrissant des pistaches. Des théories que je suis d'ailleurs moi-même toujours prête à embrasser avec une foi aveugle).

De toute façon, puisqu'il n'est pas en mon pouvoir de te dégoter une Clarissa, je ne peux que t'inviter à prendre tes responsabilités dans ton travail. Je sais bien que tu ne passes pas ta journée sur le canapé avec la télécommande à moitié déchargée dans la main. Je sais que tu travailles, mais es-tu sûr que tu le fais avec le dévouement qu'il faut et que tu mérites ? Parce que le travail est une bonne partie de ce qui définit l'homme. Jusqu'à l'époque industrielle, on encouragea une éthique du travail qui rendait acceptable l'idée de se sacrifier pour construire à l'attention des générations qui viendraient ensuite. Cela servait à la stabilité des rapports, des projets et des règles. Non seulement il était acquis que la vie était fatigante, mais cela était vécu comme quelque chose de naturel et de fonctionnel. Le travail, même celui en usine, n'était peut-être pas aussi noble que le voyage d'Ulysse mais il contenait en lui-même l'idée de transmettre quelque chose à nos enfants (un titre, un champ, un atelier, un métier, une connaissance ou seulement de l'argent), ainsi que le goût du combat et de la supériorité de l'homme sur la Création. Je crois que cette idée n'a pas été suffisamment cultivée par mon plombier, à moins que son travail de mauvaise qualité ne soit dû à son affection pour mes enfants qu'il souhaitait voir grandir jour après jour. Elle n'a pas non plus été bien méditée par l'opérateur 88 du centre téléphonique qui m'a répondu l'autre jour, ni par la personne qui a cousu les boutons sur mon pantalon, la dame du contrôle qualité 56, pour laquelle je serai prête à effectuer un jour un voyage express vers la Turquie, rien que pour serrer la main à l'unique personne au monde qui coud les boutons plus mal que moi.

Je vois tant de gens qui travaillent mal, sans soin aucun, sans compétences, sans préparation, sans application et de façon approximative que je crois que le problème dépasse largement la dimension personnelle et psychologique et qu'il met en jeu d'autres facteurs.

Dans cette société narcissique et infantile – comme des enfants, nous devons satisfaire vite tous nos besoins – il y a un appauvrissement non seulement des salaires (facteur qui justifie probablement le faible enthousiasme des employés 88 et 56 susmentionnés) mais aussi des savoirs et des responsabilités que le travail industriel exige. La qualité du travail est de moins en moins importante, parce que ce que nous produisons est de moins en moins important : avez-vous déjà essayé de changer le bracelet de votre montre de course au lieu de la jeter ? On vous regardera comme une pauvre folle en cavale puis, pour trouver la pièce à changer qui coûtera plus cher qu'une montre neuve, ils appelleront directement Bill Bowerman en le faisant tomber de son lit dans son quartier général de Nike dans l'Oregon, tellement la requête semblera farfelue. Ce n'est plus le travail qui est exploité aujourd'hui, mais toute la sphère humaine de l'imagination et des pulsions. Ils ne m'ont pas vendu une montre faite pour durer, mais l'émotion provoquée par l'idée d'être une sportive : « Tu peux être des nôtres », « Vas-y à fond », « Tu es fantastique » (le principe du compliment fonctionne toujours avec moi... J'y crois tout de suite). La montre de ma première communion était suffisamment triste pour être approuvée par une commission très sévère de tantes, mais elle fonctionne encore, bien des années et des bracelets plus tard.

La question a un autre aspect. « Vivre, ce n'est pas faire ce que l'on sait faire, c'est faire ce que l'on ne sait pas faire, écrit le poète anglais Kenneth White, et donc ainsi sentir et vivre la rugosité du vivant, engendrer des rencontres et des actes inattendus, créer et faire vivre des relations qui nous font grandir. » Et aussi découvrir la fatigue de faire des choses nouvelles, essayer, se tromper, s'affronter. Mettre la main à la pâte par exemple, signifie littéralement sentir avec nos mains ce qu'il faut faire pour pétrir les choses selon nos besoins, bien faire, essayer, rendre toujours un peu meilleur, ce qui n'est pas garanti. Moi aussi j'ai eu ma période « couvertures en patchwork » et ceux qui sont passés par là savent de quoi je parle : c'est un horrible secret que mon grenier garde dans la discrétion la plus absolue avec le carton des petits bricolages de Noël (mais pourquoi les maîtresses sont-elles si sadiques ? Elles devraient savoir qu'une mère court toujours le risque d'entendre, même le 15 août, la question fatidique : « Mais toi, ma crèche en pâte à sel, tu l'as gardée ? »).

L'idée d'un travail bien fait et réalisé avec soin fait chaud au cœur, même si je me rends compte que la mystique du travail silencieux et expert, à la saint Joseph, est romantique mais onéreuse. Il est clair que les choses faites à la main et sur mesure coûtent bien plus cher que les autres, mais il faut que ce type de travailleurs subsiste pour servir de prophétie ou du moins, de rappel. L'artisan pourra rappeler à ses responsabilités une économie faussée et éloignée de la réalité.

Certes, tout cela est très éloigné de cette génération de barbares digitaux, autrement dit cette génération qui jouit du travail d'autrui sans savoir pratiquement rien faire par elle-même, sans même suspecter que les objets qu'elle utilise avec insouciance ne poussent pas dans les prés.

Certes, je suis membre de ce groupe à part entière et je suis si peu consciente de la façon dont sont produites toutes ces choses que j'utilise que je vais même plus loin : je ne sais carrément pas comment les utiliser. La nuit dernière, je ne suis pas arrivée à programmer mon réveil et j'ai pensé qu'il était possédé par ma mère qui m'interdisait de dormir aussi peu (je devais me réveiller à trois heures pour écrire) : mon mari soutient cependant que les réveils digitaux ne donnent habituellement pas de conseils.

Le travail peut devenir la partie la plus concrète, quoique aride et fatigante, de notre amour pour le Christ. Si on le vit de cette façon-là, on peut apprendre l'attention, le respect et la patience quand les ennuis se déploient dans l'espace et dans le temps. Ce peut être un magnifique traitement contre les maux qui affligent l'homme vivant au pays des jouets, un narcissique poursuivi par l'angoisse, faute de certitudes – et dans le cas où par hasard, il en trouve une, il est assez illuminé pour ne pas la considérer comme absolue – et qui n'est que superficiellement détendu et tolérant. En dessous, il y a la profonde inquiétude d'être seul au monde, sans limites intérieures et sans clôture autour, alors que pourtant, comme le dit Carl

Schmitt, la clôture définit pleinement le monde formé par les hommes. C'est à l'intérieur de cet espace que se crée un lieu sacré car soustrait à l'ordinaire et remis au Divin.

D'où le travail en guise de thérapie pour soigner l'adolescence pathologique de Michele. Mon ami fait son travail de journaliste comme s'il jouait au poker. Il bluffe presque toujours. Si tu cites un économiste scandinave connu par trois personnes dans le monde et dont il n'a évidemment jamais entendu parler, il ne bougera aucun muscle facial. Il dira plutôt qu'il a lu récemment l'un de ses essais, chose aussi probable que le fait que je réussisse à faire une quiche aux artichauts sans téléphoner à ma mère. Comme il est aussi un peu inadapté à la vie pratique, en dehors du travail, il emploie tout son temps libre non pour lire des essais d'économistes finlandais mais pour essayer de retrouver sa voiture garée en bas de l'immeuble de sa dernière copine (dont il va falloir qu'il se souvienne au moins du nom si ce n'est de l'adresse), pour trouver des plats tout prêts ou se débarrasser des légumes achetés dans un dernier élan salutaire quinze jours plus tôt et gisant tout flétris dans le réfrigérateur.

S'il parvenait à voir son travail comme un service rendu avec humilité et engendrant une fatigue salutaire, il serait guéri. Tout travail peut être éclairé par cette lumière, même le timbre que l'on colle à la poste :

il est à cet instant aussi fondamental pour la petite vieille dame que le geste du chirurgien renommé, parce que cette petite vieille dame dans la file d'attente a justement besoin de sa pension à ce moment-là et pas d'un grand ponte de la science. Ainsi, même la routine ou un obscur travail répétitif, fatigant et dénué de sens peuvent être féconds. Féconds pour le monde qu'ils contribuent à sauver et pour la famille de celui qui travaille, qui vit grâce à cela. Ce fut la grande intuition de saint Escrivá de Balaguer au début du siècle dernier qui, le premier, eut le courage de dire que tout le monde peut devenir un saint, même les obscurs employés et ce non pas malgré leur travail, mais justement grâce à leur travail.

Le travail ne représente pas la même chose pour les hommes et les femmes. Il peut plaire à une femme, mais ce n'est pas ce qui la définit (et quand c'est le cas, elle perd quelque chose d'elle-même), alors qu'il est fondamental pour un homme. Si la femme s'accomplit à travers l'accueil, l'homme a profondément besoin de savoir qu'il est utile à quelqu'un. Si la femme a la terreur de l'abandon, l'homme peut vivre une forme particulière de solitude s'il se sent inutile. Un homme s'épanouit quand il comprend que pour lui la vie consiste à servir, servir et encore servir, même silencieusement et à l'abri des feux de la rampe. Dieu veut des hommes forts, responsables de leurs frères et capables de s'en occuper. D'ailleurs, si tu veux être l'allié de Dieu, il ne faut jamais humilier un homme. Cet homme lui a coûté Son sang et Il tient à lui. Si tu te mets du côté de tes frères, Dieu t'écoute, te sert et résout tous tes problèmes : Il est avec toi.

C'est comme ça que cela fonctionne chez moi : j'embellis, je fais des beaux nœuds, j'écris des lettres, des livres et des journaux, je fais des bisous, je câline, je parle, je cajole et je parle encore. Mon mari économise beaucoup son souffle et retrousse ses manches. Pendant ce qui me semble être mes meilleures conversations avec lui, j'ai soudain l'impression qu'il est mort car non seulement il ne répond pas (ce qui est la norme) mais il disparaît, au sens propre du terme. Je pense toujours qu'il est allé rendre son dernier souffle dans un coin isolé, comme une baleine échouée sur la plage, alors qu'il est généralement parti silencieusement et rapidement résoudre le problème que j'étais en train de lui exposer.

L'homme, plus que la femme qui est fondamentalement mère même si ce n'est pas de manière biologique, participe au plan de Salut de Dieu en travaillant. La virilité n'est pas un fait biologique mais elle s'apprend et se conquiert. Il y a aussi une façon virile de réaliser les petits gestes quotidiens, une façon de résister solidement au mal et de se charger docilement du poids du jour. Mais la virilité, au contraire de la féminité qui est principalement appelée à préserver la vie, ne peut jamais se limiter au seul horizon biologique : l'homme vrai est prêt à mourir pour quelque chose qui est totalement ailleurs. Faire son travail avec négligence, incompétence et sans intérêt signifie donc trahir son devoir envers le monde. Cette même trahison existe aussi quand on devient esclave de son travail et qu'il est devenu une idole. Dans beaucoup d'entreprises on trouve des mécanismes tragiques qui absorbent de manière implacable les forces, les énergies, les intelligences et parfois même les affects (« Nous sommes tous une grande famille, tu ne peux pas nous trahir ainsi »). On ne peut alors avancer qu'au prix de tours de force absurdes, de réunions à huit heures du soir, de brainstormings vides, de meetings, de plannings et de plans marketing (l'anglais sert à jeter un peu de poudre aux yeux car travailler jusqu'à dix heures du soir pour rassembler les idées de tout le monde est gênant mais le brainstorming, ça, on peut le faire). Il y a plusieurs moyens de trahir sa virilité dans le travail mais il y a une seule manière de sanctifier son travail et ce n'est pas d'allumer des cierges en faveur du directeur général, en tout cas pas à sa figure terrestre.

Cher Michele,

Je te fais une surprise. Aujourd'hui, pour changer, je ne te dirai pas que tu dois te marier. Je te fais un autre cadeau. C'est un chapelet à garder dans ta poche pour dire quelques dizaines de temps à autre, pendant que tu es dans les bouchons sur le périphérique (on admet aussi la variante avec les vociférations contre le conducteur qui te fait des appels de phare derrière), pendant que tu marches à la recherche du meilleur cadre pour ta correspondance journalistique ou pendant que tu attends les résultats électoraux. Il est petit et discret, tu n'auras pas l'air ridicule et tu pourras garder ta main dans la poche car s'ils le découvrent à la rédaction, c'est vrai, tu es fini (bien sûr personne ne dirait rien si tu récitais un mantra bouddhiste, lequel ne fonctionne pas, je suis désolée). Commence petit à petit, quelques minutes par jour. Cela changera ta vie. Je sais que tu n'es pas tout à fait (encore) un croyant convaincu mais il te faut un traitement d'attaque. Accroche-toi à la chaîne qui te relie au ciel et tu deviendras un homme vrai, prêt à mourir pour quelqu'un (non, je ne le dirai pas, je l'ai promis, je ne dirai pas le mot « épouse »). Tu deviendras plus fort et plus noble. D'après moi, cela fait même un peu maigrir... À ta place, j'essaierais.

Affectueusement,

ton amie C.

Remerciements

Puisque « merci » est le mot que j'utilise le plus souvent (avec « pardon pour le retard », « est-ce que tu trouves que j'ai grossi ? » et « je compte jusqu'à trois puis je me mets en colère »), je ne pouvais pas perdre l'occasion de remercier des milliers de fois et d'un seul coup tous ceux qui ont contribué à ce deuxième livre.

En attendant, je dois donner une mention spéciale au valeureux petit radiateur électrique qui a combattu avec moi pendant les nuits hivernales et a attendu de manière héroïque la livraison du précieux manuscrit pour rendre l'âme. Une maman qui travaille ne peut jamais écrire avant minuit et à l'heure de l'école, elle doit être capable d'enfiler des vêtements sans l'intervention d'un réanimateur. Merci donc à la machine à café, aux vestes en polaire gris nuance attrape-taches, aux chocolats fourrés au café, aux concierges tolérantes et au nouveau tunnel du périphérique qui m'a permis d'arriver à l'heure au travail. Merci à ma nounou Antonella qui a pallié à mon inefficacité domestique et a toujours trouvé le moyen de m'excuser, même quand j'ai brûlé les casseroles, oublié les enfants et confondu les produits d'entretien.

Merci à mon éditrice Patricia (cela faisait longtemps que je désirais le dire mais maintenant oui, je me sens vraiment écrivain) et à Francesca.

Merci à tous mes « vieux » amis qui n'ont pas cessé de me saluer quand je me suis donnée des airs d'écrivain et ont continué à me voir, tout en craignant que je ne me présente d'un moment à l'autre avec un vieux pull usé, un chignon et un air d'existentialiste : à Marina d'abord, puis Ale, Carmen, Chiara B. et M., Claudia, Costanza, Cristiana, Daniela, Elisabetta, Fabiana, Federica, Francesca, Gabriele, Luca, Lucia, Marinù, Noemi, Paola, Patrizia, Stefania, Silvana. Merci à Paolo, qui est toujours à part, comme la crème ou la sauce piquante qui sont jamais fournies « avec ».

Merci aux amis du blog. Une aventure commencée à contrecœur à cause des pressions de l'amie trop technologique et trop intelligente (Elisabetta) et qui s'est révélée un moyen extraordinaire de communion profonde. Merci à ceux comme Raffaella Frullone, Cyrano, Paolo Pugni, don Fabio Bartoli, Fra Filippo Maria, Daniela Bovolenta, Claudia Mancini et Maria Elena Rosati, qui m'ont aidée à l'écrire et merci à ceux qui le maintiennent à des niveaux intellectuels très élevés grâce à leurs commentaires, même quand j'ai une tendance à la pop et que j'écris des posts sur le vernis à ongles et sur la circulation : Alessandro, Andreas, Angelo XL, Alvise, la Dada, Daniela B. et C., Erika, Fefral, Luigi, Maxwell, Principessa, Roberto, Salvatore, Vale.

Merci à Benedetta, de nom et *de facto,* à Elisabetta, ma soeur dans la foi, à Giuliana, l'amie refuge, à la flamboyante Luisa, à la courageuse Anna, au généreux Livio, au très cher Stefano, prêt à intervenir quand mon estime de moi descend sous le niveau limite, à Daniela, mon phare, malheureusement loin et à ceux qui, connus à travers le premier livre, sont devenus des amis : Alessandro et Mario, Alessio, Claudia, Daniela C., don Luca, Elisabetta, Ettore et Francesca, Francesco, Gabriele, Gianluigi, Giovanni, Laura, Manu Red e Black, Maria Cristina, Paola, Sabina.

Merci encore à Camillo Langone, à qui je dois le courage d'avoir commencé à écrire, à travers sa précieuse amitié.

Merci à mon ami fraternel Giovanni Marcotullio, qui passa au crible de son infinie culture chaque ligne de ce livre, corrigeant les bêtises théologiques les plus irrecevables, tolérant difficilement les imprécisions. Quoi qu'il en soit, pour les commentaires négatifs, adressez-vous à lui (et pour les compliments, à moi).

Merci à mes parents qui ont dit avoir « créé un monstre » en lisant mon premier livre, apologie de la soumission, et qui au fond sont fiers de moi – même s'ils ne l'admettront jamais (car l'éducateur prussien ne part jamais à la retraite). Merci à mon frère Giovanni, qui est, plus qu'un avocat, un anxiolitique et à ma soeur Chiara, qui a eu confiance en moi. Je vous aime.

Merci à mes enfants, Tommaso, Bernardo, Livia et Lavinia, parce qu'ils sont drôles, surréels et hilarants : je n'ai rien inventé, en réalité ils sont d'excellents scénaristes. Merci car ils rendent ma vie si heureuse et (même trop) pleine de joie. Je vous aime de tout mon cœur.

Merci à mon cher mari Guido, l'architrave de la famille, qui – contrairement à moi – parle peu mais fait beaucoup, me soutient et m'appuie de toutes les manières possibles et imaginables, même avec de saines critiques constructives que je prends toujours avec un esprit peu sportif. Merci pour tout l'amour reçu et donné, merci d'être un père solide, qui fait autorité et qui est prêt à donner sa vie. Merci car en plus d'être unique, il est aussi un peu le modèle de base de l'être humain (tu m'as épargné la fatigue d'étudier les hommes des autres).

Merci au père Emidio Alessandrini, auquel je dois beaucoup des intuitions que j'ai revendues en les faisant passer pour les miennes (dans l'Église, d'après lui, le copyright n'existe pas et on peut y prendre ce que l'on veut comme dans le réfrigérateur de la maison). Merci au père Maurizio Botta d'être un prêtre comme le souhaitait Jésus : qui donne sa vie pour ses brebis. Merci à toutes les personnes qui m'ont transmis le *depositum fidei* : quand j'étais petite, don Ignazio et puis le docteur Tenda, soeur Elvira, soeur Chiara Serena, père Bernardo, père Arsenio.

À Chiara Corbella, pour son exemple lumineux.

Merci à toute l'Église, à laquelle j'appartiens fièrement. Aux saints et aux saintes qui nous ont précédés, surtout à mes amis intimes : la petite Thérèse de Lisieux, qui est mon vrai agent littéraire, Thérèse d'Avila, Catherine, Thérèse Bénédicte de la Croix, à saint Jean-Paul II, le géant qui a conduit l'Église dans la tempête, et puis à François, Augustin, Bernard, Thomas, Pier Giorgio Frassati, Gianna Beretta Molla et à toutes leurs troupes.

Merci au pape Benoît XVI, qui est toujours là dans la tempête, pour son humilité déconcertante, sa douceur, son intelligence, la fermeté avec laquelle il défend la Vérité : par son existence, il garantit la vérité de notre foi et il suffit de le regarder pour comprendre notre place dans le monde.

Merci à notre maman du ciel, la Madone : si nous savions combien elle nous aime, nous pleurerions de joie. Nous n'aurions pas su trouver meilleure avocate (il paraît qu'elle est même apparentée au juge, j'attends donc personnellement un jugement clément).

Merci infiniment à Dieu car Il nous a créés pour la vie éternelle. Parce qu'Il nous laisse sans repos tant que nous ne reposons pas en Lui. Parce qu'Il se laisse trouver par ceux qui le cherchent. Parce qu'Il est Père et que tout ce qui vient de lui est bon.

Aux éditions du Centurion

ESSAIS

Adieu Simone, Les dernières heures du féminisme, Gabrielle Cluzel
Marie-toi et sois soumise, Costanza Miriano
Petit manuel d'écologie humaine, René et Isabelle Écochard
Petit manuel de la femme au foyer, Brigitte Jacquelin
Nos Limites, Gaultier Bès, avec Marianne Durano et Axel Rokvam
Habemus Papas, Antoine Assaf
Discours philosophique et discours spirituel, Guy Lardreau (à paraître)
Faces de l'ange déchu, Guy Lardreau (à paraître)

ÉCRITS BREFS

Des devoirs littéraires des chrétiens, Frédéric Ozanam
La vocation des la nation française, Henri Lacordaire
Le catholicisme et la démocratie, Henry Maret

COLLECTION « PAROLES DE DIEU »

Paroles de Dieu pour les épouses, Yvette Mailliet le Peven
Paroles de Dieu pour les pères de famille, Simon Chouanard (à paraître)
Paroles de Dieu pour trouver la paix, Christophe Raimbault
Paroles de Dieu pour les impatients, Nicolas Vinot-Préfontaine
Paroles de Dieu pour reprendre courage, Joseph Stricher
Paroles de Dieu pour les responsables politiques, Laurent Stalla-Bourdillon
Paroles de Dieu pour les gourmets, Gérard Billon
Paroles de Dieu pour les amoureux, Maurice Autané
Paroles mystérieuses de l'Évangile, Monique Piettre

BEAUX LIVRES

Bruegel, de Babel à Bethléem, Claude-Henri Rocquet
Méditation de Noël, Claude-Henri Rocquet
Veilleurs, collectif

JEUNESSE

Voyage dans la Genèse
Voyage avec Jésus
Je serai soldat, alphabet militaire

www.editions-lecenturion.fr

Direction artistique : Avril du Payrat

Achevé d'imprimer en France en septembre 2017
sur les presses de La Source d'Or (63)

Dans le cadre de sa politique de développement durable,
La Source d'Or a été référencée IMPRIM'VERT® par son organisme consulaire de tutelle.
Cet ouvrage est imprimé - pour l'intérieur - sur papier bouffant 80 g main de 1.8
provenant de la gestion durable des forêts, produit par des papetiers dont les usines
ont obtenu les certifications environnementales ISO 14001 et E.M.A.S.

ISBN 979 10 92801 33 0

www.editions-lecenturion.fr